2009秋‧百家藝談

遙想當年，諸子百家如眾荷風舉吐芳，翔思宇宙，「藝游」未盡。
遂化為女媧彩石落向嶺東，補人世間種種虛空。

李栩鈺、林宗毅 主編

序

振「藝」揚翅，做孩子生命中的貴人

　　志於道、依於仁、據於德、游於藝，本校翔思游藝社從1994年成立至今，除了默默推廣校內藝文活動，並曾辦過《藝見》月刊。為了留下歷史見證，2009年更擴大舉行，邀請校內外專家學者、傑出校友，為嶺東的孩子分享他們的教學心得、人生哲思等，這是一場場精彩的盛宴，為了讓大家的心血結晶不付諸流水，特別集結成書，兼饗向隅的社會大眾，正面提昇嶺東科技大學的人文教育精神，敝人很高興能為之作序。

　　《藝談》、《講藝》、《藝見》、《藝游未竟》與《藝視型態》都再現諸子百家、馳騁縱談的輝煌時期，議題包羅萬象，主講者淋漓暢言、求知的聽者欲罷不能，相信風簷展書讀的朋友，也能悅讀沉醉東風中。「掌聲」屬於過去，「榮譽」期待更多人繼續耕耘，祝福大家都能在這畝園地見到繁花美果，百年樹人，長長久久！

嶺東科技大學校長　陳振貴

目　　次

青春版《牡丹亭》
——不信「青春」喚不回

靜宜大學中文系副教授／林宗毅

　　舉凡長篇經典名著的搬演，礙於時間與體力——不管是演員或觀眾，只要局部摘選，在主題的呈現，多少會有出入，甚至不符的現象產生，對於不熟悉文本的觀眾而言，無疑的是留下非經典原著的印象，就原著者而言，不免是種憾恨。但這種憾恨似乎一直存在著，如《西廂記》、《牡丹亭》、《長生殿》等，故事都結束在分別或死亡，這與原結局或主題是背離的。就拿《牡丹亭》來看，停在〈離魂〉（原名〈鬧殤〉），杜麗娘害相思病而亡，與湯顯祖要彰顯的情之力量——不僅能為之而死，也可以藉之而活，顯然兩者是背離的。另一種延伸版演至〈回生〉，雖符合彰顯情之力量此一主題，卻仍泯失了作者以情抗理，情理終究不能妥協的現實之反映。所以，只有演至〈圓駕〉，方能讓湯氏瞑目。幸運的是，幾百年後，在知名作家白先勇的提倡下，有了全本《牡丹亭》的演出，讓世人對原典有了較完整的概念。

　　雖說是「全本」，實則只摘取五十五齣中的二十七齣（不含第一齣）改編而成。但相對過去而言，至少是較尊重原著

者。然而，冠之以「青春版」三字，又是何意？觀眾望文生義，大都理解為演員長相俊美，年齡較輕，符合劇中才子佳人形象，此一錯誤理解，說明了古今觀眾對色藝難兼時的審美取捨。今之觀眾，尤其是年輕的一代，習於視聽資料的美賞，對於俞振飛與梅蘭芳的演出組合，已感格格不入，觀眾想像力的怠惰逼使演員演出的生命期大大縮短。證明了戲劇演出進入色先於藝的時代，要喚回崑曲之美的繁華勝景，不得不採取另一策略，畢竟要感動人心，除了「情」之外，還有「美」。而「美」有抽象的，也有具象的。於是白先勇親臨崑曲發源地蘇州，遴選他心目中的杜麗娘與柳夢梅，基於不信崑曲的青春喚不回，而有了今天已巡演世界百場以上的青春版《牡丹亭》。

現今的傳統戲劇演出，與其他行業的運作已無兩樣，分工細，各專其職。青春版《牡丹亭》更有些地方已漸傾向電影、電視連續劇的製作，例如文武場，已開始以配樂的角度讓一支類似主題曲的曲子不段迴盪在各齣之間，形成貫串全本的節奏共鳴，引發觀眾產生預期的情緒反應，這與曲牌體和板腔體的傳統戲劇是迥然不同的。再者，人物服飾更是運用象徵手法達到暗喻的效果，如〈驚夢〉中的杜麗娘入夢前先換了繡有滿是蝴蝶蹁躚的服飾，以「莊周夢蝶」典故伏下即將入夢之兆。又如〈離魂〉（原名〈鬧殤〉）一齣，服飾上滿是雲朵飄浮，乃喻之以「彩雲易散」（這與《紅樓夢》中以詩喻晴雯之死的手法雷同。）道出此齣當演杜麗娘之魂飛魄散至死。另外，程式身段外，也開始思索新動作的設計，如〈冥判〉中的胡判官乍見杜麗娘美貌，從桌上一躍，凌空躍過杜麗娘，著地劈腿再立身而起，除有為表演而表演的成分，實質也指出杜麗娘之傾國傾城貌令人驚豔到嚇了一大跳的地步。而本齣末以杜麗娘三謝判爺之後輕輕縱身一躍，代表期待夢中情人出現的「雀躍」之

情，這都是過去沒有的身段，也難怪現今觀眾看了，前者驚呼，後者會心一笑了。

現代的戲劇講求結構，不純是傳統戲劇般講求抒情而已。因此，青春版《牡丹亭》分上中下三本，每本各九齣，每本情節重心約可概括如下：夢中情、人鬼情、人間情。確實強調了「情」為內容的中心架構，但其實相對於湯顯祖的中心理念，這是有所偏失的。《牡丹亭》不光是追求愛情、婚姻的自主，還有其他。也就是說，人生有很多面向，愛情、婚姻只是其一，不是全部。湯氏要追求的是生命整體的自由，是全方位的。但每一面向都去描述的話，則不易聚焦，必須立主腦、減頭緒，因此湯氏以局部之追求代替全部之追求，整個劇本是一種象徵，不是陳述離奇的死而復生之故事而已，這也是《牡丹亭》與〈杜麗娘慕色還魂話本〉基調的不同所在，後者很難理解說書者的企圖為何？

三段「情」的相異之外，也可從攬鏡自照這一動作，窺探杜麗娘生命的自覺。遊園前的對鏡穿戴（〈驚夢〉），在菱花鏡偷人半面的那一剎那，她驚醒了，原來自己是如此的天生麗質。但遊園驚夢後，她因思念夢中書生而日漸憔悴，在春香的勸飯關懷中驚覺鏡中青春的凋零，而有了自畫春容的舉動（〈寫真〉）。最後死而復生，與生父辯爭於金鑾殿下、皇帝面前，是那般自信，無懼於照膽鏡的驗明正身，長眠渾噩的杜麗娘真的醒了，當那個杜撰中的南宋，以及湯氏所處的明代還沉睡未醒時，她已追求到生命的真諦了。如果舞台沒能演足整本，觀眾是看不到這層啟示的。

人物方面，較大改變的是降低柳夢梅對功名的熱中，刪去打秋風、謁遇一類論調，以及應試遲到，考官苗舜賓放水等負面情節，提升了柳夢梅的人格，使能匹配得上杜麗娘之深情。

白先勇先生在回溯他一路從小說的〈遊園驚夢〉到話劇的〈遊園驚夢〉，續而再到青春版《牡丹亭》，始終脫離不了這段牡丹緣。實肇於幼時在上海聽了梅蘭芳唱的【皂羅袍】，就種下了這因中緣。而後在《紅樓夢》第二十三回再度重逢，因好奇而去找來湯顯祖的《牡丹亭》原著來看，這首始終迴盪腦海中的主題曲，多年之後終於從小說〈遊園驚夢〉生出，足見年幼青春的心是敏感的，杜麗娘、柳夢梅也都是青春善感的，所以，要征服年輕人的心，尤其是莘莘學子的心，巡演兩岸及美國，大學中的場次也就成為考量的因素。

　　然而，弔詭的是，大陸導演陳凱歌在《霸王別姬》中也置入了兩處《牡丹亭》原曲文，同樣一支【皂羅袍】，卻迴旋出美好藝術留不住的長天一嘆，更透過葛優飾演的四爺袁世卿，道出稍具有國學常識者都知道，《牡丹亭》中〈遊園〉一折乃崑劇中之最精粹者，斯時不過是在抗日勝利不久，恰與白先勇幼時聽戲年代重疊，本該販夫走卒皆懂，如今卻要重新打造青春版去征服年輕世代，恍如隔世。霸王已然別了虞姬，朱雀橋邊確實也長了野草，夕陽西下，能否「月落重生燈再紅」？從2001年5月28日聯合國將崑曲列為人類口傳、非物質珍貴世界文化遺產來看，似乎不僅救活了崑曲，還喚回了她六百多年的青春。

　　但十多年前，台灣導演陳國富在《我的美麗與哀愁》也放進了《牡丹亭》元素，票房卻憔悴得非常快，至今沒多少人見過那曾奼紫嫣紅過的花園。是否進入園裡，就知春色如許？恐非如此樂觀，觀眾中有多少人如林黛玉般能聽出戲中有好文章、趣味來？或如賈寶玉般在魯智深的《醉打山門》中似有體悟？如今青春版《玉簪記》也已登台亮相過了，幾乎原班人馬的合作，但格局似乎小了些，如能再巡演百場以上，或許崑曲的春天不遠了。

大觀園的回憶

嶺東科技大學通識教育中心副教授／李栩鈺

一、緣起

　　1990年春天，畢業前夕修習了陳萬益老師在清華大學中語系開設大四的專書課程「紅樓夢」。1991年秋，湊巧參加康來新老師策辦的紅學會議學術考察團，親訪揚州、北京，品嚐著名的紅樓宴，只是當時年少不懂事，並未警覺到要隨行文字紀錄、攝像、錄影……。可喜的是，因緣際會1997年進了中央大學，有幸成了國內紅學界康門弟子。2004年10月10-12日，中國紅樓夢學會、揚州市人民政府召開「紀念曹雪芹逝世240週年國際紅樓夢學術研討會」，我也親臨現場發表了一篇〈從青樓到紅樓──實者虛之的柳如是〉。碩士論文「午夢堂集女性品研究」與博士論文「河東君與柳如是別傳」的出爐，這才發現筆者兩本學位論文所研究的傳主，恰好都是紅樓夢十二金釵的前身，也是近年來風起雲湧的明清女性文學論述中，規模最大的兩組社群團體：閨閣才女與青樓名妓。加上任職於嶺東科技大學的通識教育中心，課程結構規畫之「經典通識」為大四同學必修，這樣的內因外緣，讓我彷如重溫畢業學子夢，在一季季的燦紅鳳凰花開中，為一批批的青綠學子吟唱著：滴不盡的相

思血淚拋紅豆，開不完的春柳春花滿畫樓。在此先就「地緣」與「人緣」，為大家介紹近三年（2007-2009）《紅樓夢》與台中民眾的藝文生活。

二、民俗公園

目前由亞洲大學規畫管理的民俗公園，位於台中市旅順路二段73號，是清末民初閩南式建築，由「民俗館」與「民俗技藝廣場」所構成。前者為一座四合院建築，約有十六間民俗文物展示室，地下室還有一個大型民俗展示館。二樓為「紅樓夢」餐廳。民俗技藝廣場為表演活動場所，有長期駐館之藝師現場表演製紙、編竹等傳統技藝，每當有節慶活動，還有雜耍、舞龍舞獅、打陀螺等表演。早期由中台科技大學管理，策畫「台中市96年地方文化館計劃文物系列特展」中，有一檔期名為「巧手巧思現真情‧紅樓夢藝術工藝創作展」，時間是2007年3月31日至4月18日，展出紅樓十二金釵文物，如尹成林「雙色書法」、「石篆刻畫」、「拓片」、張玉樓「竹雕」、任斌「雷射竹簡雕刻」、高麗華「二維紙雕」、吳明華「葉脈絹畫」、林林「葉雕畫」、康小燕「剪紙工藝」等，珍貴的展出文物由「紅樓夢藝術會」林偉國先生負責。配合此檔展出，中台科大文教事業經營究所教授李本耀研製了「十全十美紅樓宴」，包括：1.「仙樂飄飄」火腿燉肘子、2.「柳浪聞鶯」火腿鮮筍湯、3.「鹿鳴呦呦」怡紅祝壽、4.「瓜瓞綿綿」香炸酥骨、5.「湘雲紫氣」雞皮蝦丸湯、6.「羨魚如來」茄鯗、7.「妙玉凌風」烏龍戲珠、8.「花氣襲人」龍蒸螃蟹、9.「大觀乾坤」野雞瓜子、10.「富貴臨門」銀耳鴿蛋，另有《紅樓夢》中常見的養生飲料「玫瑰清露」、賈母喜歡的粥食「碧粳粥」及江南人家飯後甜點「甜湯元宵」。2008年10月6日至28

日，更受邀在嶺東科技大學的藝術中心展出，以「典藏紅樓」之名，一飽學子眼福！

三、紅樓宴

　　全國大飯店的全福樓，位於台中市中港路一段257號A棟3F，在2009年11月20日至12月31日所推出的「紅樓宴」，經典呈現古典文學裡華麗愛情的炫目滋味。全福樓以創新手法隆重呈現紅學飲食的傳統風貌，邀請食客在大快朵頤之際，也一嘗精緻的紅樓宴，從不同的菜式中吃出大觀園的人情故事。共嘗曹雪芹「談情」的痴味，領略大觀園別具匠心的風采。主題菜色共分為四部分：大觀園六品前菜、榮寧大菜、細點及紅樓鮮果。

　　「大觀園六品前菜」是寧國府、榮國府宴請賓客的招牌前菜，取其大觀園花香鳥語、荷塘清趣的春光景色，分別為：翡翠羽衣、果香鴨信、胭脂鵝脯、金沙山藥等六道冷盤，以精巧擺盤與大觀園建築雕飾作陪，更讓人彷彿置身其中。

　　主菜部分顯示榮寧二府氣派，以山野海味及河鮮為主，擅長以燉、燜、烤、煨，來保持食材的原汁原味，因此味道醇厚，每道佳餚不僅呈現食材原味，也針對故事情節及賈寶玉、林黛玉、王熙鳳等經典人物，設計了「寶玉怡紅祝壽蝦」（根據「壽怡紅群芳開夜宴」中，為寶玉慶生的描寫而創製。將海中之珍品大斑蝦煎煮至紅色，以九十度直角放置盤中，代表祝壽蠟燭，以脆鱔做成壽樹，口感鮮美香脆）、「賈妃黃袍排翅盅」、「烏孝祖烏龍戲球」、「史太君紅燒肘子」（相傳是史太君賈母最喜愛的佳餚，將肘子燉燒四小時，呈現亮麗、香Q不膩的肉質，再搭配祕製福菜，層次分明，是一道滿足而豐富膠質的佳餚）、「黛玉瀟湘鮮魚米」（將鮮魚切成丁狀，加上配料快炒，搭配蘿蔓生菜，口感鮮脆滑口、清爽，亦代表林黛玉

瀟湘妃子，柔弱浪漫的形象）、「熙鳳芋頭老鴨煲」六道專屬菜色，單看名稱即能感受書中人物的情懷，十分饒富趣味。

　　至於細點與鮮果部分，則以雕工、排飾為主，因為揚州菜的特色是注意本味、講究燉燜、湯清味醇，造型更是用心，瓜果食品雕刻是舉世聞名的「刀在淮揚」！事實上，全國大飯店的主廚吳嘉福入行三十年，全福樓以江南道地傳統美食名菜著稱「經典江浙」，款款珍饈皆是刀工細緻，此套紅樓宴是典型的揚州路線。

　　紅樓宴是1987年香港和北京同時播映中央電視台36集電視劇後引發的熱潮之一，發展出系列的紅樓夢飲食譜、飲食文化等專書著作。著名紅學家馮其庸認為紅樓菜其實是揚州菜的體系，因為曹雪芹曾在揚州待過，祖父曹寅任江寧織造府時，即在揚州接駕康熙皇帝。台北來來大飯店隨園廳1994年6月招待海峽兩岸紅學家，亦曾推出以創意取勝的紅樓宴：大觀四金釵（隨園四拼盤）、春鶯報喜丸（椒鹽美杏桃）、怡紅美公子（雞蓉排翅盅）、蘅蕪美竹君（乾炸嫩冬筍）、寶釵巧慧心（一品鮑魚哺）、黛玉入賈府（玉瓜鑲干貝）、西海活巨鱗（翡翠蘭斑塊）、花香氣襲人（竹笙玉丸盅）、紅樓女紅妝（精致美細點）、通靈翠寶玉（應時四季果）。

　　為飽口福，也在此順便介紹上海版紅樓宴菜單：冷盤（果凍做成的「通靈寶玉」）環繞十二道冷菜（喻「十二金釵」），再放十二瓣橘子（喻「十二金釵副冊」）、八道熱炒（1.美妙玉品茶龍井蝦、2.王熙鳳高談茄子鯗、3.薛寶釵論酒食鴨信、4.敏探春油鹽炒枸杞、5.秦可卿山藥健脾胃、6.賢李紈敬老撕鵪鶉、7.史湘雲圍爐烤鹿肉、8.懦迎春牛乳蒸羊羔）、三道點心（1.林妹妹滋陰燕窩粥、2.巧姐兒風裏吃糕餅、3.小迎春素志饅頭庵）、鮮湯（賈元妃元宵滿堂春）。將十二金釵入菜，頗富新意。而位於北京宣武區南菜園西街的大觀園，園內設有

「北京大觀園酒店」，推出「盛宴」、「大宴」、「家宴」三種餐。「盛宴」顯示宮廷典禮、豪餐美侍、「大宴」講究游藝助酒、歌樂佐餐、「家宴」可以聯句投壺、融洽親情。另有中山公園內側的「來今雨軒飯莊」，1993年主廚孫大力主編《中國來今雨軒紅樓宴》一書，他從1983年研製紅樓宴迄今，可謂開風氣之先，菜單顯現京派官府菜的特色。菜單試列如下：冷菜兩盤：1.什錦攢盒：金釵護寶玉（胭脂鵝脯、糟鴨信、叉燒肉、芥末鴨掌、五香魚、佛手海蜇、熗瓜皮、蘿蔔卷、花菇燜）、2.四小碟：什錦蜜餞果脯。熱菜有九道：1.雪底芹芽、2.茄鯗、3.雞髓筍、4.駝掌、5.老蚌懷珠、6.三鮮鹿筋、7.怡紅祝壽、8.烏龍戲球、9.雞絲蒿子桿兒。點心四種：1.蟹肉雪餃兒、2.小粽子、3.棗泥山藥糕、4.豆腐皮兒包子。另有雞皮蝦丸湯、胭脂稻米飯、紫米粥。

　　桃園縣中壢市中央大學中文系，康來新老師主持的紅樓夢研究室蜚聲國際，或因於此，附近亦有命為「紅樓」的餐廳，但未聞設有紅樓宴。隔壁的新竹縣新埔鎮「南園」，取名「暫借南亭一望山」，是由建築師漢寶德與聯合報創辦人王惕吾的惜才之遇。1985年南園落成，廿多年來曾在此招待英國首相柴契爾夫人、俄國總理戈巴契夫等元首。2008仲秋，由The One規畫管理，傾注創意能量，堅持「素言華美」的設計元素，令游客發思古之情、一探幽谷隱匿的園林藝術與仙台樓閣的建築美學。

　　同樣和嶺東科大位於大肚山的東海大學，沿著文理大道到圖書館，山坡後面有名的小西門町夜市旁（龍井鄉新興路東興巷21號），也隱藏著一家茶坊命名「紅樓夢」，不過和一般的茶館無異，僅是販賣簡餐麵食，僅是純粹取其名，其茶點亦與《紅樓夢》無特殊相關處，或可和台北成都路的「西門紅樓」文創小市集遙相呼應，懷想紅樓美夢。

四、慢賞，用一生讀完一本《紅樓夢》

　　2008年10月25日的自由時報，台中地區A7版的全頁廣告中，出現了一句文案：「慢賞，用一生讀完一本《紅樓夢》」，報上副標題是「紅樓夢，曹雪芹15年時間傳抄、批閱、增刪數次而作。一本紅樓，用一生時光研讀咀嚼，除文學外，發現古典建築、園林、美食、服飾……的無窮美學。」這是台中七期豪宅的房地產廣告，雖然技職體系的學子與傳統大學（甚至中文系）同學的文化素養各有差異，但人們對「經典」知識的追求應該是永無止境的熱誠，《紅樓夢》接受層面可說老少皆宜，本文僅在此祝福青春王國的所有小孩，永遠散發珍珠光彩，帶著理想築夢！

都市風景線
——劉吶鷗眼中「1927年」的上海

清雲科技大學通識教育中心助理教授／許秦蓁

一、劉吶鷗是誰？
認識一個「日籍台人」的特殊個案

　　在2001年3月，台南縣文化局出版《劉吶鷗全集》以前，劉吶鷗對台灣文學壇而言一直是個陌生的名字，而在中國現代文學史的脈絡裡，通常也只是兩三行即可帶過的「中國新感覺派作家」之一，以往由於原始資料的缺乏、個人身份的撲朔迷離，以及英年早逝等主客觀因素，使得劉吶鷗三零年代在文學、電影界的開創性與突破性一向被各界忽略且漠視。

　　事實上，劉吶鷗是一個不折不扣的南台灣人，本名劉燦波，1905年9月22日生於台南柳營，1940年9月3日因被不名人士狙擊而卒於上海，祖籍為福建漳州府平和縣新安里上河社大埤鄉，1895-1945年，台灣是日本的殖民地，因此，以當時的時空背景觀之，劉吶鷗的國籍是「日籍台人」，1926-1940期間，他因為投入藝文事業而旅居中國上海，整體而言，他是當時少數以優渥的經濟條件赴上海築夢的台灣青年，他來自「南台第一世

家」——柳營劉家，獨特的家世背景與良好的學習環境，求學期間，他在台南長老教中學校（今長榮中學前身）和東京青山學院英文科（中等學部、高等學部）均受到東西方文化的薰陶及現代文化洗禮，使他能夠在文學史、電影史上寫下燦爛的扉頁。

劉吶鷗目前遺留下來最珍貴的研究資料，是他個人的1927年日記，日前這本日記已經由劉吶鷗三子劉漢中先生捐贈給台南國家文學館保存，在日記中，我們可以看到劉吶鷗那一年正在尋找人生方向的搬遷與移動：上海－台南－東京，期間還有將近兩個月的北京之行，實際上，透過日記的私密性書寫，我們可以約略窺知劉吶鷗對於這三個城市的看法與感受，本文將針對劉吶鷗1927年日記內容，來分析劉吶鷗當時眼中的城市「上海」。

二、體會上海
——台灣逐／築夢青年的探索與矛盾

1927年1月4日，劉吶鷗來到施蟄存等人天文台路上的住處，目的是談論他們要合作經營的文藝事業——「談談書社及旬刊到十一點才回來」，1月18日，戴望舒和施蟄存來探訪劉吶鷗，三人繼續談旬刊的事情，緊接著在1月19日，劉吶鷗飯後又到天文台路去找施蟄存等人，經過討論之後，他們決定將同仁雜誌取名《近代心》，然而，這個雜誌並未如願出版，卻可以間接證明劉吶鷗當時想要留在上海開展事業的想法。

接著，劉吶鷗從蒲柏路搬家至吳興里想要找個長期租賃的住所，很可能已有安頓的打算，4月8日，他印製了屬名「吶吶鷗」的個人名片。然而，在上海的大環境下，四月份是政治氛圍十分緊張的時刻，同時，劉吶鷗亦因祖母病危趕回台灣，一直到處理完祖母後事，5月20日劉吶鷗動身前往日本，5月26日抵達東

京，居留於東京洗足一帶，很可能因為考量到當時上海大環境的動盪不安，他有意要到法國留學，卻因母親陳恨的堅持而作罷，直到6月28日，他寫信回台南給母親請示「暑假去中國的事」，7月12日接到母親回信，允許他可以不回台灣，因此他決定直接到上海，換言之，1927年9月10日，劉吶鷗再次抵達上海之後，便注定了他和上海這個城市的難分難解了。

三、上海嫌惡家——終究是異鄉遊子

在當時，中國各地青年皆來上海逐／築夢，而身為逐／築夢台灣青年的劉吶鷗，卻發現了這城市的現實與冷漠，發覺自己即使在書本文獻中想望著中國，實際踏上祖國領地後，卻漸漸發現自己終究是異鄉遊子，並不屬於這個城市，甚至浮現了想要打道回府的念頭：

> 上海真是個惡劣的地方，住在此地的人除了金錢和出風頭以外別的事一點也不去想的，自我來上海了後愚得多了，不說靈感、睿智、想像，就是性慾也不知跑到何處去了，變成個木人了，真〔近〕朱者赤，近愚者愚，鈍惑和淺薄的議論——你們〔的〕總財產吧！你們那知道感情的認識力？（1月5日）
> 記得我初入震旦的時候，上海也是這樣的可愛，那知多走了幾番的跳舞場就會使我變成個上海的嫌惡家，啊，願春光春到，江南多雨！（1月6日）
> 晚上接到家裡寄來一六〇円？元？兩？的電報通知，啊！怎麼樣呢？回去？留住？可是上海于我實是無用了，回去吧！到溫暖的南國。（1月13日）

襯衫的袖口骯髒的很了，領巾滿著塵垢，啊，上海真是難住，好像在泥土的海裡泅哪。（1月19日）

因為這個世界上充滿了虛偽，所以有的時候連真實的事我們都也不覺得是真實，我是生著，還是在作夢，時時想到這個問題……除夕近在明天了，但是天涯的孤客啊！你還是買了張二角半的食單去吧！這個禮拜差不多每隔天去流連Cafe，又沒報紙可看，好似同世界隔絕一樣，心裡覺得很空虛……（下略，1月31日）

（住院期間）在洗澡時〔百合子〕跟一枝小姐來，帶了盆可愛的薄紅花，真有難過于她們，廣大的上海中有幾人在想念我們呢？（2月16日）

頭不清、鼻塞、氣管不大流通、眼胞掉動，手足麻痺，上海在住人〔居民〕的錢虎臭，不時〔臭氣衝天〕，覺得怎麼樣，不說而瘋了，〔我討厭人，也許會自殺〕（3月16日）

……從研讀中國文學所得知的中國，那時候經常有所感受，最近卻毫無感覺。（3月26日）

整天看青木氏「文藝論藪」的筆記。「小說月報」二號來，壞得很，中國文人差不多要絕種了。是頭腦壞，還是不用功我都看不出……（7月1日）

透過以上的感覺與描述，我們可以理解他當時旅居上海的焦慮與不安，以及真實體驗到中國文化時的矛盾感受，於是，他對上海這城市的不適應，從對氣候的傷春悲秋，到質疑城市人性的真實與虛假；從年節的懷鄉愁緒，到對日本舞女離鄉背井的感同身受；從以往透過文學閱讀對中國的滿懷想像，到身在中國時，對真實中國的失望，甚至批評起當時的文學刊物——《小說月報》。

四、摩登上海──魔力之都

　　然而，即使劉吶鷗對當時的上海有著諸多不滿與批判，對於當時躋身國際大都會的上海而言，能夠成為人人稱羨的大都市，號稱東西方尋夢青年的樂園，仍有國際級城市的水準及主客觀條件，相對於劉吶鷗的原生地──溫暖的南國，溫情樸實的南台灣而言，上海當然有其一定的都會性格，以及迷人之所在：

> 就是冷風也似乎帶點微溫，無力的陽光也好像帶著春的顏面了。上海啊！魔力的上海！你告他們吧，在大馬路上跑的他們，說：
> 你所吹的風是冷的，會使人骨麻，
> 你所噴的霧是毒的，會使人肺癆，
> 但是他們怕不駭吧，從大涯地角跑來的他們，他們要對你說：
> 你是黃金窟哪！看這把閃光光的東西！
> 你是美人邦哪！紅的，白的，黃的，黑的，夜光的一極，從細腰的手裡！
> 橫波的一笑，是斷髮露膝的混種！（1月12日）
> 啊！坐在搖動的車上，看見了街上的軟弱的陽光的時候，我真是好似發見了新的上海。（1月29日）
> 吃大菜，坐汽車，看影劇，攜女子，這是上海新人的理想的日常生活……（2月5日）
> 黃昏時〔百合子〕來，談到九點多才去。初頭的談話極不舒服，還是後來才暢快地談起來，藝術、文學、詩，女人，上海的生活、東京。

在當時，所謂上海「白相人」的生活，便是劉吶鷗所描述的「吃大菜，坐汽車，看影劇，攜女子」，舞廳與跑馬場、百貨公司與咖啡座、電影院與餐館……在在呈現出一種現代式的摩登生活，對於當時年僅22歲的劉吶鷗而言，城市上海之無窮魅力與強大吸引力是可想而知的，而劉吶鷗在探索上海這個城市時，也因城市本身鮮明且矛盾的性格而有了不同的角度與感受。

錦織美學

嶺東科技大學視傳達設計系碩士／秦安慧

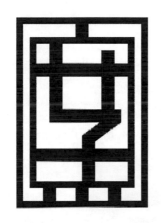 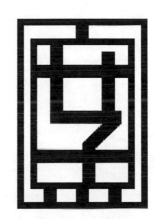

　　很高興今天參與這個講座，跟各位分享之前身為一個研究生所製作的畢業展的心得。首先先跟諸位報告一下我的求學歷程，其實不是非常順利的。我在民國86年時，也就是十幾年前進入當時的嶺東商專應用外語科，還記得那時我只覺得哥哥讀五專，五年都在玩，所以也要想效法哥哥念書的「方式」，加上對英文有一些興趣及學習時蠻容易上手的，我就決心朝英文的方向發展。當然在這五年期間我真的參與了許多活動，並且還當上科學會的會長、還交了一個社團的團長男友等等，其

實五專生活多采多姿，最後因為成績還可以的關係，畢業前又順利地推甄考上了台北商業技術學院應用外語系。事實上在五專畢業後要升二技時，便了解自己的英文能力似乎到達一個範圍，有種進步不了的感覺，雖然在二技時有學習更多的語言，但發覺這些語言只是我想利用來跟外國人溝通的工具，無法真正更深入研讀外國的文學。

事實上，我在學生時期對於美的事物開始注意，雖然自己無法用手繪出非常傑出的圖，卻會利用很多週遭的小物品來裝飾環境與自己。例如在電視上看到一些時尚走秀的節目，就會想穿類似的衣服，又或者每到節慶時就想很多活動、主題，約一大群朋友打扮來應景等等。因此在二技畢業之前，我覺得自己好像愈來愈接近「設計」這個專有名詞，但在專業能力上，我所接收到的資訊是零，於是就毅然決然的在北部開始補習，決心考上設計相關領域的研究所，做為我踏入設計領域的一個跳板。當然，在準備當中，發生了許多瓶頸及困難，也有想要放棄的時候，甚至想把自己手繪的東西通通燒掉的念頭，不過還是讓我以第一名推甄的方式，進入了嶺東科技大學的視覺傳達設計研究所！

研究所的這兩年期間，我真的接觸到了許多專業的東西，尤其讀研究所，凡事是非常講究理論根據的，當時幫忙現在視傳系的符逸群主任報名國際海報競賽的事宜，就請符主任擔任我的指導教授，帶領我接觸設計的相關領域。符主任的專長是在漢字與商標，我當然還是選擇至少有點接近「語言」這一塊的「漢字」做為我畢業的主題，而就在研讀研究所期間，我看了不下近百本關於漢字的書籍，除了充實自己對於漢字的了解，更希望藉由大量的閱讀能夠彌補我對於設計專業的不足。且我非常佩服自己初生之犢的決心，居然還選擇利用「創作論文」而非正統論文畢業，更開始了我創作的艱辛歷程。

錦織美學

　　由於知道自己對於平面設計能力相當弱，想利用其他的媒材來表達設計，恰好自己的親戚在大陸經營了染廠，是布類批發商，於是腦袋出現了將漢字與布（也就是紡織品）結合的創作點子，布是生活週遭隨處可得，甚至與人類非常親密接觸的一項物品，所以，我便將主題訂為「漢字×生活」。雖說創作媒材已經出現，但不是將漢字圖案化，就能交給布商印製成功的如此簡單。我在研究所期間曾花了一個月的時間到廣東省東莞市實習，學習一個紡織品成品的過程以及加工方式，唯有初步的了解，才能夠與自己的創作結合並且充分運用。

　　接下來就是處理圖案的部份，原本只會用ADOBE軟體修一些相片等效果的我，因為要製作出與漢字結合的畫面，必須去學習很多製造出畫面的方法，很幸運地，我的直屬學長是教授ADOBE繪圖軟體的老師，請他教我一些「速成班」的技巧，讓

我的作品畫面至少看起來是有水準的，在此要非常謝謝這位學長，唯有他耐心的指導我，不厭其煩讓我一再找他討論，才讓我有作品產生，印製在布面上。當然他也讓我了解到設計除了靠天生的手繪能力，電腦的輔助也不容忽視，且要常常去接觸才能運作上手。就這樣我不斷的從各方面進行：漢字、設計、紡織品加工等方向，對我來說皆是「從零開始」，如今想想也就這樣子熬過來了！幸好當初堅持，才能成就今天的展出。當然就專業設計者來說，我的作品是無法媲美他們的，唯有利用我後天的努力，且不斷增進自己的知識及專業技能，未來才有可能受人矚目，誠如我先前說的，研究所是我接近設計的一個跳版。

關於我的展覽，由於研究所的班上只有我和另外一位蔣孟娟同學是走創作路線，且我們兩個私下的感情很好，正好又是一動一靜的組合，所以策劃這個展覽，我負責想法，她就負責設計及執行，我們是靠著原有的默契及互相的配合，當然中間也有些許的磨擦，但總是克服所有問題，從邀卡、海報、謝禮、謝卡等等，皆由我們親手製作參與。由此可知，做任何事皆靠自己的一個決心及毅力，尤其是非自己能力的事情，或者是生活上一些尚未接觸的事物，若能秉持著一個態度、一個信念，往往成功就在不遠！

歌謠大拼盤

嶺東科技大學通識教育中心講師／葉慶東

一、詩與歌同源

　　歌謠的起源，不但在散文之先，還早在有文字之前。人類在尚未使用文字的階段，就會用「歌謠」的形式，把值得留傳的人、事、物與經驗、知識，保留下來。歌謠不但具備了表現節奏、韻律的必要條件，又富有趣味，易於記誦。所以各國的文學史，都以詩歌作開端。詩歌是口傳文學的核心；而口傳文學也遠比寫定文學來得更早、更久遠。

　　朱光潛《詩論》第一章詩的起源，特別指出：「詩歌與音樂、舞蹈同源」。在詩、樂、舞混合的時代，詩表現生命，樂歌詠感情，舞揮灑姿態，而「節奏」是三者的共同命脈。當詩、樂、舞各自獨立發展之後，詩歌的表現重心雖然集中在「情意」，卻仍然明顯保留原來「節奏」的生命。歌謠為了表現節奏，無論古典歌謠或當代歌謠，在韻律方面，都自然呈現疊字、重唱與旋律迴環的情感表達方式；順口與合韻，便成為音韻和諧的主要條件。而構成節奏的元素就是平仄、對偶、疊字、重唱、和聲、襯字等。因而即使是詩文，只要依循平仄、句法、協韻等共通原則，在吟讀時就會情不自禁地產生「歌曲化」的現象。

二、吟唱古典詩文情韻悠長

　　至今，仍有許多古典詩文可以讀、可以吟，也可以唱。當代，拜網路方便之賜，詩詞吟唱教學更容易流傳，也日漸普及。「網路展書讀——詩詞吟唱」網站（網址是：http：//cls.hs.yzu.edu.tw/shenhg/），收錄的有聲教材十分豐富，如：王更生所吟讀的詩文62篇，李勉、許介彥用胡琴配樂吟唱的宋詞數十首，廖秋蓁的「天心琴韻——古琴演奏與琴歌彈唱」13首，及洪澤南、林孝璘用傳統八音吟唱的許多唐詩。

　　本文選錄的兩首當代歌謠，用閩方言歌唱，歌詞即使大部分可用漢字寫出，某些字詞仍需用羅馬拼音輔助。歌謠的主題各不相同，主唱的風格也都獨具特色。學習時，若以文本教材為主，有聲教材為輔，對歌謠的體驗更足以產生「情韻悠長」的印象。

三、現代歌詞都是詩

（一）舉〈嘉慶君遊台灣〉為例

　　〈嘉慶君遊台灣〉又名〈台灣組曲〉，先後由高向鵬、豬哥亮主唱。歌謠雖廣為傳唱，作詞者卻不詳。為保留歌謠原貌，歌詞依據高向鵬的唱曲寫定，句式並不完全整齊。為方便舊地名的正確發音，將羅馬拼音標於每行之後。為求句式整齊，去其襯字，便成為純粹的七言歌謠。

　　嘉慶皇帝遊台灣，正史雖無記載，但故事卻在民間流傳很廣。許久以來，竹山地區就穿鑿附會一些關於嘉慶君的趣事，故老相傳，繪影繪聲，參〈嘉慶君遊台灣的傳說〉http：//tw.myblog.yahoo.com/jw！Nm0ews2eRkYgOuPjINaX/article？mid=607&sc=1。

　　1947年，丁得春最早將此傳說寫成《嘉慶君遊台灣》一書。1972年，台視播出《嘉慶君遊台灣》電視連續劇，配上「勸世歌王」黃秋田的主題歌，轟動一時；事實上，嘉慶君根本未曾到過台灣。而《嘉慶君遊台灣》的戲劇演出，則有台語版、國語版、及歌仔戲版，並先後在不同電視台播映。

　　於是，台語流行樂看準潮流，發行了由高向鵬主唱的〈嘉慶君遊台灣〉，唱腔流暢。前奏唱道：「清朝皇帝嘉慶君，過來台灣坐柴船」。趕流行的歌廳秀也接著推出一齣爆笑劇《豬哥亮與嘉慶君》，主曲由豬哥亮演唱，前奏歌詞改成：「豬哥亮與嘉慶君，過來台灣坐柴船」，流露諧趣。這首歌謠，曲韻熱情爽朗，給人寶島農產豐饒、國泰民安、風調雨順的深刻印象。兩人所唱的歌詞幾乎相同，只是襯字稍有差別。整首歌詞融合了台灣的新、舊地名與土產，使得竹山的紅蕃薯與李勇廟、鹿港的土產等，隨之風靡全台，間接帶動許多地方觀光產業的發展。

　　〈嘉慶君遊台灣〉的歌詞，或為編輯鄉土教材，或應歌迷所需，在網路不斷流傳。題目有的稱原曲名，有的叫〈台灣舊地名組曲〉或〈台灣地名組曲〉。台語文化網站，除了把台灣歌謠分為四類，並收錄自然歌謠12首，創作歌謠17首，文學性歌謠9首，古早調的台語歌謠19首。其中的〈嘉慶君遊台灣〉改稱〈台灣組曲〉，歸屬創作歌謠，名稱比較切題；而歌詞也稍作修改，在結尾「人說寶島是台灣」之後加上「望你早歸」四字，不免蛇足！〈台灣組曲〉：

> 屏東以前叫阿猴，高雄舊名是打狗。民雄舊名是打貓，台南古都赤崁樓。
> 永康叫做埔羌頭，白河古時店仔口。北斗舊名是寶斗，人說台西是海口。

清水叫做牛馬頭，新竹古時叫竹塹。嘉義舊名諸羅山，
隆田叫做番仔田。
阿公店叫做崗山，員林椪柑最棒了。鹿港青蚵是名產，
麻豆文旦最好吃。
人說寶島是台灣！望你早歸！

為便於說明，先引〈嘉慶君遊台灣〉的歌詞如下：

古早屏東是阿猴，高雄舊名是打狗。
（a-kau， taN-kau）
台南古都赤崁樓，永康叫做埔羌頭。
（chhiah-kham-lau， pou-kiuN-thau）

白河舊時是店仔口，北斗古名是寶斗。
（tiam-a-khau， po-tau）
人講台西是海口，清水叫做牛罵頭。
（hai-khau， gu-ma-thau）

新竹以前是竹塹，嘉義舊名是諸羅山。
（tek-chan， chu-lo-san）
隆田叫做蕃仔田，阿公店是叫做岡山。
（hoan-a-chhan， a-kong-tiam， gang-san）

竹山e蕃薯講上介讚，鹿港e珠螺是名產。
麻豆好呷是文旦，人講寶島是台灣。

歌謠是很普遍的一種生活娛樂，也是真摯情感與心靈的記
錄。大眾需要為文學藝術帶來生命的原動力；什麼樣的年代，

就會流行什麼樣的歌謠。〈台灣組曲〉屬抒情詩類、韻文－歌謠型。它是台灣經濟起飛年代的投影，曾經帶給大家歡樂與希望，也為子孫們留下一個濃縮而有趣的地名記憶，引領現代人回溯過去、認識台灣。

全曲用接近「七言詩」的形式，詠誦台灣的十二個舊地名與三種名產。寫定的歌詞，以淺顯、順口、迴環的韻律，與輕快的節奏，傳達簡明的詩情。歌唱時，則饒富俚趣，流露詩味。在熱愛鄉土的情懷中，傳遞了認識寶島的資訊，讓塵封的古早記憶，透過對寶島的讚頌，得到宣洩與慰藉。

歌曲的主旋律只有四句，而整首歌詞共有十六句，主旋律迴環了四次；歌唱時頓、逗的節奏很強烈，近似吟讀節奏的加強與放大，很容易喚起聽者的共鳴。而且，各句雖以七言為主，但為增強演唱效果，必要時都加上襯字來強化音節。新舊地名的連結足足占了十二句，相同句型反覆出現，疊唱的形式，正好呼應迴環的音節。全詩句句押韻，前半押au韻，後半為an韻。不論吟讀或歌唱，都可以藉著強烈的節奏感，表達興奮的熱情。

（二）以〈天頂的月娘啊〉為證

〈天頂的月娘啊〉，由潘芳烈作詞作曲、許景淳主唱。歌詞如下：

> 〈天頂的月娘啊〉：
> 天頂ê月娘啊，你kám有teh看？看阮ê心肝啊，為何teh作痛？
> 天頂ê月娘啊，我輕輕叫一聲；望伊會知影啊，毋通予我孤單。
> 是毋是頂世人，欠你ê感情債，chit世人beh用青春提來賠？

你ê心hiah-nih冷？你ê愛hiah-nih冰？這世間有啥人親像我chiah癡情？

一暝一暝ê相思，浮浮沉沉放boe離；

一擺一擺舉頭看，流星那會chiah無伴？

　　潘芳烈，是宜蘭地區有名的音樂人，能自彈自唱。曾以一首〈十七歲的雨季〉讓林志穎的歌唱生涯邁入巔峰，在歌壇上享有「情歌聖手」的美譽。平常在羅東開酒吧，有空就寫歌。他手臂秀著大塊的刺青，外表看似粗獷豪爽，與江湖中人沒什麼兩樣，卻能寫出許多情感細膩的作品，流露出極其感性的風格。他長期致力於台語歌曲的創作，擅長從女性角度出發，描述當代台灣女性對幸福愛情、美滿家庭、獨立事業的渴望與追求。其中〈天頂的月娘啊〉一曲，就是最典型的代表。原創歌詞全用漢字寫成，其後網友為了方便樂迷，依據歌聲翻寫成「漢羅」混用的版本（參莫兆光〈欣賞音樂的基本知識〉http：//www.omda.org.hk/Article/listening.htm）

　　許景淳，是近百年來難得的歌聲！發行過十四張個人專輯，其中的曲子〈戀戀風塵〉、〈玫瑰人生〉、〈天頂的月娘啊〉，被國內外唱片發燒友視為華語歌曲的瑰寶。她的專輯，平均水準都很高，無論是早期和李泰祥的合作，還是後來和陳揚的合作，都十分出色。1996年1月，發表《天頂的月娘啊》專輯；1997年，此專輯囊括五項入圍，並獲得金曲獎「最佳方言女演唱人獎」，而此曲也成為廿世紀最美的一首台灣情歌。這張專輯別出心裁之處，是歌者改採清純的歌聲來表現節奏與合音之美，傳達「清亮婉約、神秘遼闊」的天籟神韻，令人聽得如癡如醉。許多樂評一致讚美許景淳是：跨世紀台灣最美麗的聲音；聆賞她的歌聲，就像陶醉在台灣美麗的山水之間。

　　她在國內外有超過千場的演唱記錄，曾與國內外數十個

知名交響樂團、管絃樂團合作，還多次獲邀在國內外國家級頒獎典禮演出。2000年，澳門的回歸周年慶，她與上海交響樂團配合演出；2005年，應國立中正文化中心邀請，在國家音樂廳「華語電影100年音樂會」演唱。流行歌手在國家音樂廳演唱流行歌曲，她是第一位。她曾榮獲兩屆金鼎獎、三屆五項金曲獎、法國南特影展最佳電影配樂獎、美國聖地牙哥電影主題曲最佳演唱獎等十多項國內外演唱、製作、及演奏等音樂類大獎。諸多殊榮，讓她贏得「金獎歌后」的美譽。

〈天頂的月娘啊〉的歌詞只有主歌和次歌兩段，先引述如下：

> 天頂的月娘啊！妳甘有地看？看阮的心肝啊，為何在作疼？
> 天頂的月娘啊！我輕輕叫一聲。望妳會知影啊，不偝乎我孤單！
> 是不是，頂世人欠你的感情債，這世人要用青春拿來賠？
> 你的心這麼冷，你的愛那麼冰！這世間有啥人親像我這癡情！
> 一暝一暝的相思，浮浮沉沉放袂離；
> 一次一次抬頭看，流星那會這無伴。

欣賞歌謠，人人都有經驗和心得，而欣賞的角度與取向，則各不相同。一首百聽不厭、餘音繞樑的流行音樂或民歌，必有豐富的元素值得欣賞與瞭解。〈天頂的月娘啊〉從歌曲、歌詞來看，亦復如此。

在歌曲方面，每支曲子都有一定的結構型式（Form），最普遍的型式是AABA Form。A段代表主歌，B段則是副歌。換言之，一首歌曲大多是由前奏、兩段主歌、一段副歌、過

門音樂、再來一次主歌或副歌、以及結尾音樂連接而成的。當然，Form也有很多不同的類型，如Blues Form，Jazz Form等；而古典音樂的Form更多，例如Sonata，Ternary，Rondo或Rondo-Sonata等等。〈天頂的月娘啊〉一曲的結構型式是ABAA Form，背景音樂來自大提琴，在幾乎沒有前奏的靜謐氛圍下，歌聲立即展現清亮的主歌，一段間奏後就是副歌，緊接著再唱出兩遍主歌。全曲主歌三唱，讓心靈深處婉約、神秘的意境，在清亮、遼闊的歌聲中迴盪，情韻綿綿，沁透神髓。

一首完整的曲子可能包括前奏（Introduction）、主歌（Verse，用A表示）、副歌（Chorus，B）、過渡句（插句，C）、流行句（記憶點，D）、橋段（Instrumental and Ending，序唱、過門、間奏，E）各個部分。其中以「單二部曲式」最為多見。「單二部曲式」是由兩個樂段所構成的樂曲，也叫「二段體」，圖示為A＋B。在歌曲創作中最常被廣泛運用。「二段體」的第一個樂段，在音樂上講究鮮明的初步陳述性質，題材簡單、結構完整、情緒平穩，具有進一步開展的要求和發展的可能性。第二個樂段可以是再現性，也可以是對比性。同理，「二段體」的歌詞，在抒情表現上，主歌常帶　述性，副歌常帶抒發性。〈天頂的月娘啊〉，主題是「為情而問月」；歌詞屬「二段體」，只寫主歌和副歌；流行語說它具有「超級無敵的詩意」。

月亮，是地球最忠實的伴侶，始終圍繞著地球運轉。它承載著千載綿延的幽情，無論騷人墨客，或是遊子旅人，都曾為之長吟短歎。「月在青天雲在山」，本來就是各得其所、自適其性。人本來也是「你走陽關道，我過獨木橋」，互不相擾、兩沒相欠，自由自在、自得其樂。然而，一輪皓月在飄渺婉約的情思中，會無端招惹出人間無數的煩憂惆悵或離情別恨。李白把酒問月、舉杯邀月之際，後人孤亭對月、泛舟賞月之時，

情感的悸動，總是引人遐思、啟人共鳴。愛情讓人偉大，也常讓人渺小，甚至瘋瘋癲癲、莫名其妙。莎士比亞說：「愛情可以讓懦夫變得大膽，卻也可以讓勇士變成懦夫」，端看如何迎接和面對。

主歌是主要內容，也是每首音樂的主幹，須交代重要的人、事、情。主題既然是「為情問月」，所以先陳述感情世界的形單影隻、無人關照，令人失魂落魄、幽怨自憐；祈求月娘相伴相助，以撫慰寂寞的芳心、煥發生存的勇氣。寂寞芳心何所依，孤單癡情向誰寄？千里問月的無奈，令人心肝作疼；徹夜不眠的孤單，誰伴嬋娟？情感殘缺，淒清哀怨。望月思人，只好獨自徘徊終夜了。副歌與主歌有別，也是歌謠必不可少的部分。副歌的節奏與情感，可以對比，也可以重複，並對主歌作明顯的發展或強烈的概括，讓歌曲進入高潮；與主歌形成對比，歌曲就有較大的變化彈性。流行句反覆重疊，歌曲便容易散播流傳。換言之，一首歌曲畫龍點睛的記憶點與高潮，大都設計在副歌內出現。而副歌記憶點寫得鮮活，整首歌曲才可能出色。所以，歌詞寫作有時先要完成副歌。（參http://soft.99lrc.net/lrc_files/musicsense/0924/20081014174733Gh5Ch.htm 歌詞寫作技巧。）〈天頂的月娘啊〉，副歌雖只有四行，對失落的情愫則有三層次的抒發。相對於主歌的千里問月，副歌首先質疑自己的形單影隻，是否為了賠償自身世人積欠的感情債；接著感嘆自己為何如此癡情換冷冰；最後用迴環句法表達夜夜相思放不下、時時孤寂無人伴的心情。

此外，歌詞寫作還要注意押韻與措辭。押韻的歌詞易於朗朗上口，但並不一定要拘泥在同一個韻腳，可以換韻，有時也可以不用勉強押韻。〈天頂的月娘啊〉，主歌只用一個韻腳，副歌則三換韻，極靈活、有變化。流麗的措辭，更是本歌謠的特色。主歌中呼喚「天頂的月娘」，是台語極親切的口吻：明

明是失戀的人在看月，卻問月娘是否在看著自己，寄望月娘憐惜自己失戀的不捨、痛苦，與孤單。而副歌首句「是不是，頂世人欠你的感情債，這世人要用青春拿來賠」，像一句問話，也像流水對；至於「你的心這麼冷，你的愛那麼冰」、「一暝一暝的相思，浮浮沉沉放袂離；一次一次抬頭看，流星那會這無伴」，更是對偶工整、韻律和諧。

　　總之，〈天頂的月娘啊〉這首歌謠，用台語吟讀已足以讓人幽思飄渺；聆聽許景淳的天籟神韻，簡直令人癡狂！

四、結語

　　詩，一吟唱之後，就有歌曲化的傾向；而無論傳統歌謠或現代歌謠，若只朗讀歌詞，也都詩味十足。這正好證明朱光潛「詩、樂」同源的道理，古今並未改變。

塔羅愛情運

嶺東科技大學體育室主任／杜光玉

一、前言

　　塔羅牌是一種工具，就好像其他任何工具一樣，它能夠執行一項功能，至於你要如何運用那個功能，那就依你而定（Mangala，2007）。你可以使用這些牌來幫助你作決定、洞悉現在與未來，或者只是用來作為一種人際關係增進的利器。

　　據歷史上的記載，塔羅牌的雛型最早出在現11世紀的中國當時稱為葉子戲，為一種民間的遊戲；14世紀首次出現在歐洲神秘學，義大利將它稱為Tarocci，法文為Tarot；18世紀吉普賽人離開埃及時將其帶出來，因此，我們會在塔羅牌上看到許多古埃及的神話故事，而吉普賽人周遊世界各國，又受到中古世紀基督教黑暗時期之迫害，現今幾乎沒有文獻留存。一直到19世紀末，塔羅牌出現兩大系統，目前大眾所使用的塔羅牌幾乎以此兩大體系做延伸，目前發展出上百種不同圖案及內涵的塔羅牌，一是亞歷斯特‧克勞力，一是萊德‧懷特。

　　本文主要使用亞歷斯特‧克勞力所研發之直覺式塔羅牌圖案做為探討的內容，國內翻譯作直覺式塔羅牌（Intuitive Tarot）。克勞力先生與佛里達耶‧哈里斯女士合作花了5年完

成，其構圖結合了埃及、東方、希臘、基督教和中古時代的象徵圖像，並包含有占星、煉金、數字學和卡巴拉〈祕教〉的內涵，因此初學者並不需要努力去記住牌義，只要觀察圖像，並以直覺體會牌面所要呈現的訊息，即可大致瞭解其所要傳達之寓義。但若要精熟牌義，坊間有許多專為直覺式塔羅牌開設之課程，或參閱謙達那（Mangala，2007）所翻譯之「直覺式塔羅牌」即可加速對塔羅牌之認識，減少自我摸索之時間。

直覺式塔羅牌其強調塔羅牌是一種增進意識的工具，著重在個人的靈性成長，其圖像的豐富性和詮釋深度之廣博與寓意，正以飛快的速度擄獲全球人心，2007年大導演伍迪艾倫推出之電影「遇見塔羅牌情人」即以直覺式塔羅牌為其電影海報之宣傳主角。國內外諮商輔導機構透過塔羅牌在各大專院校開設相關課程及社團，在諮商輔導中心特闢塔羅牌諮詢時間，可見其媚力之大。

塔羅牌結合了古代睿智哲人、神秘學家與聖賢之智慧結晶，以聯想性豐富的圖案、抽象的意涵、直覺的方式表達，幫助自己解答人生問題，達到預測未來與給予啟示的欲求。適當地運用在生活中，相信能帶給您充份的驚喜與智慧的寶藏，本文僅以塔羅牌在愛情中的啟示為題，簡單介紹與愛情有關之牌義，希冀將來仍有機會再繼續衍生其他更有趣之應用題材。

二、直覺式塔羅牌之愛情涵意

（一）牌的結構

完整的塔羅牌共有78張，其中主牌佔22張、56張副牌；副牌含16張宮廷牌及40張數字牌，分別為風火水土四種元素。

權杖： 屬性為火——能量層面，象徵人運用能量處理事情的模式。

寶劍： 屬性為風——思想層面，思考事情的模式。

聖杯： 屬性為水——情感層面，象徵人表達情感、情緒的模式。

金幣： 屬性為土——物質層面，象徵人處理現實物質的模式，譬如：健康、金錢、工作等。以下分別就主牌、宮廷牌及數字牌在愛情方面的應用提出一些筆者個人在使用塔羅牌經驗上之見解。

（二）主牌——認識自己

　　主牌代表人類心靈成長的歷程，是靈魂進化的旅程，由無知至醒悟（鍾適惠，2008）。透過主牌，我們可以瞭解自己的個性，先懂得自身的特性，與自己好好相處，在面對別人時，才能相處愉快。主牌名稱分別為：傻瓜、魔術師、女祭司、皇后、皇帝、教皇、愛人、戰車、調整、隱士、命運之輪、慾、倒吊人、死亡、藝術、魔鬼、塔、星星、月亮、太陽、永恆以及完成等22張。透過主牌認識自己，可先以西元年生日換算出自己的生命靈數，再由生命靈數對照到自己的個性，其方法及內容分述如下：

　　1.生命靈數：

　　（1）代表個性與心靈的塔羅牌換算方式

　　總數相加小於22的換算方式：兩個生命靈數

　　例如：小塔是1976年7月1日出生，我們將西元年出生年月日以直式計算，算式如下：

$$
\begin{array}{r}
1976 \\
7 \text{（出生月的數字）} \\
+\ 1 \text{（出生日的數字）} \\
\hline
1984
\end{array}
$$

我們再將它拆為四個數字然後相加

　　1+9+8+4＝22－＞個性

　　2+2＝4－＞心靈

（2）總數相加超過22的換算方式（代表個性和心靈的塔
　　　羅牌是相同的）

例如：小羅是1969年10月9日出生

```
  1969
    10
+   9
──────────
  1988
```

拆成四個數字相加，1+9+8+8＝26，計算結果超過22於是
我們再將26拆成兩個數字相加，2+6＝8－＞個性與心靈

（3）數字為19的人有三個生命靈數，有研究命理的天
　　　賦，其生命靈數分別為19、10及1。

（4）而28的人只有一個生命靈數2+8=10=1

（5）數字1-9的一個，10-22的二個，23以上的一個

表一　主牌之生命靈數對照表

編號	名稱	本質
0	傻瓜	初生之犢不畏虎、勇者無懼、大智若愚、帶著天真與開放的心情去學習及體驗這人世間所有的課題
I	魔術師	透過各種資源進行良好的溝通，給予良好的分析和建議，增強對方的自我理解，幫助對方做出明智的抉擇。
II	女祭司	豐富的內在資源、直覺力強、對人有戒心，一旦感受到敵意，立即產生戒備。
III	皇后	慈悲、包容、關愛別人的同時給予空間、選擇聆聽和平的意見而非閒雜是非。
IV	皇帝	具責任感及無形的權威，使身邊的人不自覺地伏首稱臣。
V	教皇	經驗累積後產生的洞見，喜歡在穩固踏實的基礎上學習。
VI	愛人	發展到愛人這張牌時，我們開始學習如何與人相處，人際之間的關係因著契約產生無形的監禁，在愛情裏人是盲目的，但必須在這樣的關係中給對方空間，並學習彼此的差異處。
VII	戰車	不讓別人瞭解他的內心思緒，在他心中有著強而有力的能量支持他勇往直前，在面臨危機時隨時改變策略以應萬變。
VIII	調整	以客觀、冷靜的宇宙正義，小心奕奕地調整衡量，以達到平衡狀態。
IX	隱士	擁有豐富的內在世界，享受孤獨卻不寂寞，在追求自己的道路和方向時不忘引導他人。

X	命運之輪	雖然生命中難免遭遇風雨，但命運掌握在自己手中，所有的挫折都是最珍貴的考驗。
XI	慾	以一派自然的態度全然享受生命的愉悅，不去理會世俗與道德的眼光。
XII	倒吊人	雖然經驗痛苦的折磨，但透過內在的體驗，得以從中獲得蛻變。
XIII	死亡	除舊佈新、浴火重生。
XIV	藝術	將不同的東西整合起來，以精鍊出淨化後的人生。
XV	魔鬼	以旁觀者的心情幽默的面對、看清楚現實中的限制。
XVI	塔	以理性、和平及高深的智慧顛覆舊有的模式。
XVII	星星	全然的信任，事情會以它自己的方式展現出來。
XVIII	月亮	晦暗不明的、順從大自然的規律。
XIX	太陽	從與他人的互動中更瞭解完整的自己，遇到危險與限制時仍需要獨自完成，不能依賴他人。
XX	永恆	以更寬闊的視野、高層次的了解來看待過去、現在與未來。
XXI	完成	事情的存在需要時間去完成，只要等到瓜熟自然蒂落。

（三）宮庭牌——表達愛情的方法

宮庭牌分別為風火水土四種元素，其中，聖杯屬於情感層面，象徵人表達情感、情緒的模式。

　　首先將代表感情與情緒之四張聖杯宮廷牌分散置於絨布上之四個角落，帶著明確的問題，心裡想著表達愛情的對象（可以是父母、兄弟、姐妹、好友、戀人……），以左手或任何直覺系統感應聖杯宮廷牌，以瞭解自己表達愛情的方法，牌義分別如下所述：

聖杯騎士——誠心誠意將自己的心意毫不保留地奉獻出來，期待被了解與接受，這樣的付出是安全的，也是值得驕傲的。

聖杯女王——你是一個願意傾聽的人，當你的個案向你傾吐心聲時，你總以無限寬容的器度接受、包容他。

聖杯王子——面對愛性一開始時展現出熱情與衝勁，在真正需要投入時，卻踩了緊急煞車，選擇以理性去面對，告訴自己不可以太情緒化。

聖杯公主——完全沈浸在友善自由的情感之中，如魚得水般的自在與喜悅，但只要稍遇挫折，即會敏感地如烏龜般躲進自己安全的世界中。

（四）數字牌——愛情的哲理

　　數字牌同樣分別為風火水土四種元素，每一種元素皆有10張牌，從數字1至數字10，聖杯屬於情感層面，象徵人表達情感、情緒的模式。

1. 杯之么：愛自己、對自己有自信心、榮耀。
2. 愛：愛的能量順暢、愛與被愛得到滿足。
3. 豐盛：帶著輕鬆愉快的品質處理與愛有關的課題。
4. 奢侈：檢視表面與實際的情況、審視自己的不安全感。
5. 失望：情感上的失落，失去付出愛的能量。
6. 享受：付出與獲得達到平衡的狀態，享受愛與被愛的幸福。

7. 沉溺：過度放縱自己的行為，以致於讓自己深陷不可自拔的狀態。
8. 怠惰：對感情的付出失去動力，有一搭沒一搭的心理情形。
9. 幸福：願望實現，充滿幸福的氛圍。
10. 滿足：對感情的獲得感到滿足，反而開始感到無聊。

三、結論

　　談起塔羅牌，人們即為它的神秘氛圍感到又期待又怕受傷害，其實塔羅牌不僅是一種問卜工具，它是一種自助助人的工具，藉由塔羅可以增進直覺力、訓練右腦發展、進行自我的探索，進而幫助你自我覺察，用新的角度觀看既有的人際關係、工作、財運、健康及學業等各個層面。塔羅牌就像你的親密好友，像一面鏡子般，將你心中思考的事情如實呈現出來，並給予嶄新的觀點與洞見，你會驚喜於「它」為什麼知道，其實答案早就在你心中了。

　　請將塔羅牌當作你的智慧好友，別盲目地敬拜它，讓它與你的內心對話，為你提供事實與建言。

參考文獻

　　鍾適惠（2008）。**塔羅教室，就在你家**。台北市：神奇塔羅出版社。

　　Mangala, B.（2007）。**直覺式塔羅牌：一種增進意識的工具**。謙達那譯。台北市：神奇塔羅出版社。

羅密歐與茱麗葉
——經典通識「莎士比亞戲劇中的情愛世界初探」課程教學成果探討

嶺東科技大學應用外語系講師／賀國英

一、前言

近年來，在面對學校學生英語程度持續降低，同學們對英語學習的意願不高，學校的教育政策，朝向針對學生英語程度，設定畢業門檻，並提出了學校的教育政策。對於學校教育環境的改變，我們必須對現行的教學，做出一些方法上的改變，一則幫助同學們提高對英語學習的興趣，一則輔導同學們能適應對於學校教學環境的改變。

在過去的教學研究中，參考許多同儕和專家的理論，曾經嘗試著運用唱英文歌、電影欣賞等方法，來提高同學們的學習興趣，培養同學們在課餘之暇，能增加接觸英語的機會。由於學唱英文歌曲教唱的方式，在課堂中是較為容易而方便的，同學們學習的意願也比較高。但對於英語電影欣賞的教學，一般英語教學的課堂中，在時間的安排上，就比英文歌教唱的困難

度要高得多。因此，專門為英文電影欣賞開一門課，就顯得有其特別的需要了。

二、課程安排及發展

　　莎士比亞對現在的年輕人來說，雖然遙遠了一點，但是現在的大學生，在大學求學的歲月中，對「戀愛學分」的熱衷，卻是興趣昂然。配合了這兩種因素，因此選擇了「莎士比亞戲劇中的情愛世界初探」做為第一次開課課程的題目，如此不但可以提高學生選課的興趣，也可以讓學生藉由對莎士比亞戲劇中愛情觀念的介紹，引導同學們對自己戀愛觀念的探討。由於現代的年輕人，對於「愛情」觀念的多元化，以及對於「性」觀念所持的開放態度，因此加入莎士比亞著作中對愛情的描述，作為教學內容的探討題目，也可以讓同學們有更多的思考角度。

　　顏元叔教授是一位研究莎士比亞的著名學者，他對於莎士比亞的評論，認為莎士比亞是個人主義者，草根性人本主義者，情慾主義的人本主義者。顏教授對莎士比亞喜劇提出「性衝動高於一切」，「性伴侶的替換」的評論（顏元叔，莎士比亞通論——喜劇）。他提出莎劇除了《錯中錯》之外，都與兩性或兩性之性有關。他認為莎翁喜劇對「兩性」或「性」的描述實際上是狹隘的，只有俊男美女或普通男女之間的打情罵俏而已。在《善哉善了》與《以牙還牙》中，連續兩番使用「性伴侶取代」的把戲。《善》劇中，女主角Helena自告奮勇，取代Diana，與他的悔婚丈夫性交而懷孕。《牙》劇中，Mariana取代Isabella，伴應Angelo之約，而成就好事。若用顏教授對莎翁喜劇評論的觀點，探討古典與現代文學，東方與西方的戲劇，對男女之間的愛與性的異同，對同學們在大學生涯中的戀愛學分，或有助益。

三、學生選課動機的研究

選修這門課的學生有45位，包含許多不同科系的學生，大部分是畢業班的同學。在學期結束前，要求同學們提出對這門課的學習心得。由於課程名稱訂為「莎士比亞戲劇中的情愛世界初探」，大部分的同學表示，在上課之前，對莎士比亞並不熟悉，僅聽過莎士比亞這個人，或聽過羅密歐與茱麗葉的故事。但其中有兩位同學在心得報告中，直接表示當初認為這是一堂營養學分的課。所有的同學在選課之初，並不知道這堂課的授課方式，都認為是劇本的研讀，或是文學欣賞之類的課程。

四、教學方法與目的

這學期上課的教材，安排了一些莎士比亞的喜劇和悲劇的影片，當然也包含「羅密歐與茱麗葉」和「莎翁情史」具有代表性且為大家較熟悉的故事。由於同學們對莎翁戲劇的陌生，所以在影片欣賞之前，先做影片內容大綱的說明。影片欣賞之後，心得分享是一個重要的過程。由於身負著英語教學的使命，影片中一些對白的經典名句，也會被提出來，作為討論的重點。雖然大部分的同學英語程度並非很好，對這突如其來的英文討論題目，有些適應上的困難，但因為處在影片欣賞的興頭上，大部分的同學也都樂於接受這項討論的安排。

學期中安排了兩次英文測驗，雖然美其名為同學對自己英文程度的測試，但有兩位同學在心得報告中，表示自己的英文程度，感覺上有明顯的進步。

五、教學成果檢討

　　電影教學的方式，對這一班同學來說，都是第一次的嘗試。在這45位同學中，有七位同學在心得報告中表示，電影教學比一般閱讀的方法對他們來說，是更為有效的。有10位同學表示，原來認為這是營養學分的課程，但是上課以後才發現與原來的認知，有很大的差異。大部分的同學，原本抱著只為學分而修這門課，但是對於引起他們興趣的課程，他們還是願意花更多的時間，來認真參與這門課的。

　　最被認為指標性的成果是四位數位媒體系的同學，在心得報告中表示，他們在課程中，除了思考了莎士比亞戲劇的內容，也會比較莎士比亞編劇的方法，對他們在本科的領域中，有很大的幫助。我想其他科系的同學，對莎士比亞的戲劇，能用另外正面的角度來思考，也可能會像這四位同學一樣，得到更大的收穫。

六、結論

　　在同學們的心得報告中，大部分的同學，都是以拿到足夠的學分為目標，以期能夠順利畢業，但是經過一段時間的課程之後，同學們對於這種另類的授課方法，表示出極大的興趣。在45位同學中，只有兩位同學表示，無明顯的獲益，與知性的領悟。由這些數據顯示，只有4.44%的學生，對於這門課程是持負面的態度，其他95.56%的同學，都持正面的評價，更有同學能以本課所學，能有助於他的本科所學。這些結果，都能鼓勵教學者，繼續改進教學方法，來幫助選修這類課程的同學。總結一個學期的教學，是一個令人滿意的結果。

　　在學期中所舉行的兩次英語程度測試，其目的是要鼓勵同學在上課的過程中，藉由影片欣賞，增加同學們學習英語的機會，並藉著測驗，加強同學們對英語學習的自信心。

秘密通訊的故事
——傳統密碼學

嶺東科技大學資訊科技系副教授／廖惠雯

一、前言

　　二十世紀以前，保護資料內容為密碼學主要的發展重點，二十一世紀的時代，由於網路技術的興起，帶動了通訊事業的蓬勃發展，通訊源的鑑定性、資料內容的完整性及發送方的不可否認性為近代密碼學的發展埋下伏筆。

二、密碼學的歷史

　　密碼學（Cryptography）的發展可說是戰爭史的發展，Cryptography的戰爭是密碼系統設計者與密碼分析家之間的對決，密碼分析家的任務，是針對密碼系統設計者的加密方式，找出其系統弱點進而破解，現實中的戰爭對於密碼學的演進，可謂是一大幕後黑手。

三、資訊安全的定義

狹義： 保護資訊。
廣義： 達成資訊的秘密性（防止非法的接收者得到明文）、鑑
　　　定性（確定資訊確實來自發送方）、完整性（防制非法
　　　更改資料）、不可否認性（防制發送方否認其傳送過之
　　　資料）。

四、傳統加密法之簡介

　　傳統的加密方法主要由兩個動作所完成─換位及替換。換
位加密法（Transposition Cipher）的基本原理是將明文中的字
元調動位置，即改變字母之間的相對位置，使得訊息的攔截者
無法正確地讀取當中的意義；接收者在得到加密的訊息之後，
再將這個規則逆向操作，得到原始面貌的訊息，如：鐵軌法、
路遊法、鑰匙法。替換加密法（Substitution Cipher）是將原訊
息中的每一個字元，用另一個字元來替代。Caesar（凱撒）大
帝時代（西元前一世紀）在戰爭中所使用秘密書信的方法便是
Substitution密碼法，所以又稱 Caesar Cipher/ Caesar Shift Cipher
（凱撒密碼法或凱撒移位密碼法）。

五、Cryptanalysis（密碼分析學）

　　密碼分析家不斷地針對一些被發明出來的技術做研究，試
著去找出這些加密方法的弱點，密碼系統設計者又加強改良設
計系統，一來一往永無止境，密碼學的演進可說是密碼分析家
與密碼系統設計者之間的密碼攻防戰。如密碼分析家利用頻率

分析（Frequency Analysis）分析出單一字元替代密碼法（Mono-alphabetic Substitution Cipher），密碼系統設計者就提出Poly-alphabetic Substitution Cipher（多元式字元替代密碼法），如 Vigènere Cipher（維吉尼爾密碼法），密碼分析家又提出 Kasiski Test破解Vigènere Cipher。

六、現代密碼技術

Internet上的直接電子交易行為，即電子商務（Electronic Commerce，EC）活動的興起，數位化資訊的方便使用特性，使得偽造／拷貝／複製／破壞的不法企圖變得非常得容易和簡單，資訊安全問題／資源智慧財產極容易在彈指之間，就被遭到不當的使用，而產生了對網路的不信任與許多的通訊爭端。二十世紀人類走向了數位時代，而密碼技術亦以數位加密取而代之。

密碼系統是由以下五個基本部分所組成：明文M（Plaintext）──未加密前的原始訊息、密文C（Ciphertext）──明文加密後的訊息、金鑰K（Key）包含加密金鑰及解密金鑰、加密函數E（Encryption）、解密函數D（Decryption）。

典型（或傳統）的密碼系統中，若只有合法的發送方知道加密金鑰，則稱此密碼系統為秘密金鑰密碼系統，秘密金鑰密碼系統具有下列特性：知道加密金鑰即知道解密金鑰，反之亦然。秘密金鑰密碼系統又稱為對稱金鑰密碼系統（Symmetric Key Cryptosystem）或單一金鑰密碼系統（One-key Cryptosystem），如資料加密標準（Data Encryption Standard，DES）及新一代加密標準（Advanced Encryption Standard，AES）。

任何人均可將明文，經公開金鑰加密得到密文，而只有擁有解密金鑰（暗門）的接收方，才能由密文解密求得明文，則稱此密碼系統為公開金鑰密碼系統。由於公開金鑰密碼系統其

加密金鑰可以公開，不需利用安全通道傳送，接收方只要擁有解密金鑰即可以正確解密，因此方便性一般高於秘密金鑰密碼系統 ，如RSA密碼系統。

七、Sherlock Holmes and the Dancing Men （福爾摩斯和跳舞小人）

以下簡介英國小說家Arthur Conan Doyle所著偵探小說中之名探Holmes利用頻率分析法破解歹徒密文，並將之繩之以法的故事。

歹徒第一封信：

解譯：AM HERE ABE SLANEY

庭園門板上的內容：

解譯：AT ELRIGES COME ELSIE

Elsie 的回覆：

解譯：NEVER

新發現的紙條：

　　解譯：ELSIE PREPARE TO MEET THY GOD

Homle 將歹徒繩之以法：

　　　　　　　解譯：COME HERE AT ONCE

八、結語

　　密碼系統設計者與密碼分析家的攻防戰永無止境，對密碼學的研究、發展及應用為正面的刺激作用，並藉此良性的競爭提升文明層次。至今，密碼學的故事仍繼續發展……。

參考資料

　　1. 密碼學與網路安全 —— 理論應用與實務
　　　 王旭正、柯宏叡、ICCL-資訊密碼暨建購實驗室著，博碩
　　　 文化，2006年
　　2. 國立中興大學資訊科學系
　　　 詹進科教授，教學講義

虛實相生的鏡像美

嶺東科技大學視傳達設計系助理教授／吳政璋

一、「攝影」與「美」

攝影者對照片呈現美感的努力及追求，自攝影發明之初直到今日，一直佔有極大的份量。這從一八四一年福斯·泰爾伯（Fox Talbot）所獲專賣特許的「卡羅版照相術」（Calotype），其字面之意義由希臘字Kalos-「美」所延伸而來，即可感受到當時「攝影」在「保留」與「紀錄」的特質之外，另一個「拍照」的遵循標準；當然，這樣的「標準」與當時的「繪畫」有著密不可分的關係。「攝影」發明初期與當時的「繪畫」在「美」與「寫實記錄」的特質上，彼此在對立與相互影響之下持續發展並進行多次風格演變。

二、鏡像之美

「攝影」因為它的「機械」本能，對外在世界的「再現」有著前所未有的精確描述能力，這也是「攝影」發明前許多投入研究的攝影先鋒共同的努力目標。因此「攝影」在發明之初，大眾對它的「紀實」或「紀錄」（Documentary）

的寫實能力都是樂於接受的。並且將「攝影」視為一種「鏡像式」反射現實世界及擴展人類視野的工具，透過攝影家所完成的照片，人們可以了解不同地域的風土民情，如同通往世界的窗口。

三、繪畫式的美

攝影發明的初期，許多「攝影家」為了「攝影」在藝術領域獲得認同而努力，反而失去攝影的原始「寫實」特質，而成為模仿追隨繪畫藝術形式的「畫意派攝影」（Pictorial Photography）風格。這樣的風潮下，攝影所追求的「理想照片」就是讓相片像一張畫，無論在構圖、題材或影像質感的形式表現都離不開繪畫的影子，此時期的「攝影」是一種失去寫實本質的繪畫式的美。

四、造形與質感的美

直到二十世紀初由美國攝影家史蒂格力茲（Alfred Stieglitz，1864-1946）提出「攝影分離派（Photo-Secession），才讓「攝影」的本質又重新被找回，並在【美】保羅‧史川德（Paul Strand，1890-1976）等人的作品風格確立之下，進入了以相機、鏡頭、底片到相片的攝影純粹過程，將攝影帶入了「直接攝影」（Straight photography）觀的攝影現代主義時期。此時期「攝影」從背離「寫實」精細描繪的繪畫朦朧之美回到純粹的抽象形式美感，以其特有的觀看方式來傳遞「美」的情感或情緒。

五、追求真理的美

　　「美」對於一般接受照片訊息的大眾而言，確實有著某種親切的吸引力。但純粹的形式之美對於攝影反應「真實世界」，卻存在著一種弔詭的的「距離感」，這樣的「距離感」讓照片的「真實世界」帶著既存在又虛幻的矛盾。隨著攝影「視野」的擴展，「攝影」從純粹的形式之美逐漸轉向對社會的關懷，加上媒體採用大量的照片結合文字，對特定主題或事件，以圖片故事的方式來報導，提供客觀訊息促使社會更美好的人文關懷理想，一九五〇年代前後為一種紀實報導式的攝影黃金時期，追求的是社會公平真理的美。

六、內在真理的美

　　照相機的鏡頭就如同探照燈一般，攝影者使用它的視框決定了環境中什麼該看、什麼不該看，攝影者無法避免的帶著主觀的意識，決定了環境中何者是重要、何者不重要，此時期整個攝影的過程中，已是攝影者對現實轉化為自身意念的結果。影像的追尋不再完全實踐客觀真實，而是從個人與環境的互動過程中轉化現實，照片所承載的內容，可能是個人內在與真實環境的體驗，與現實世界存在著一種不確定的關係。

七、工具的特質的真實幻象

　　「攝影」問世之後，創造人類新的影像語言，改變了人類紀錄歷史與再現世界的方式。「攝影」的誕生是十九世紀科技下的產物，雖然發明的動機與初期大眾對它的認知在於真實的

紀錄現實世界，但在「科技」的特質之下，經常受到工具與材料所限制，而不自覺中距離真實越來越遠。

　　攝影影像的形成，必須依賴光學工具－暗箱（Camera Obscura），將外在世界的景物透過鏡頭或針孔，投影至暗箱內的化學感光材料上完成適當的曝光，再經過複雜的化學顯像處理及另一次光學的放相，才能製作出最後的照片結果。從實際的外在景象到完成照片的完整製作過程，每一個步驟看似為真實呈現而進行，但又受到自然的光學成像及有限的化學材料顯像限制，而與真實世界有著無法消除的距離。就如安瑟·亞當斯所說：「攝影，是攝影者在被攝體與照片之間所進行的一系列的機械上、光學上和化學上的相互作用的過程。這個過程的每一個步驟都使我們遠離被攝體一步而更接近照片一步。要知道即使是最現實的照片也不能和被攝體完全一樣。由於攝影上的種種原因，照片與被攝體之間總是有差別的。攝影者可以加強或削弱這種差別，但不能消滅差別」，而這樣的「差別」或「真實與再現世界的差距」拍攝者是可以在有限程度下去縮小或刻意擴大。因此，攝影者因為「操控」或無法避免的光學或化學過程，使影像帶有超脫現實的幻象，或許是攝影發明之先驅當初所沒有預期的，但卻是經常無法避免的影像結果，常見的表現如下：

1.針孔單點成像

　　透過暗箱光學工具，以單點透視的方式投影外在世界在感光材料上，將外在世界立體三度空間轉換成平面的二度空間，景物前後位置產生重疊，造成照片中現場元素關係變化與混淆。另外，劣質鏡頭或針孔，使影像的明暗、色彩及清晰度產生極大的「失真」，而產生超脫現實的情境。

2.超特寫鏡頭

超特寫鏡頭以極端近攝的微觀方式看世界,與肉眼的視覺經驗有極大落差,呈現出的影像世界如同虛幻不存在的超現實空間。

3.鏡頭焦距尺寸

以極端的鏡頭焦距尺寸拍攝時,如超長鏡頭焦距或超廣角短焦距鏡頭,常獲得極短的景深清晰範圍或極大的透視變形失真,都是非真實肉眼經驗的影像。

4.快門時間

使用極短時間的快門,影像為時間的切片,呈現肉眼不可辨別的瞬間驚奇;相反的,慢速快門使移動中的被攝體無法呈現於照片中或形成不清晰的拖影軌跡,影像經常帶有不確定的詭異氣氛,也是一種超現實的視覺經驗。

5.感光材料曝光量特性

感光材料則可以利用曝光時間或曝光次數來累積曝光量,造成影像全面或局部的過度或不足曝光,此情況下感光材料會破壞原有的質感或形態,造成肉眼經驗之外的影像表現,達到超脫現實的表現目的。

6.重複曝光或底片重疊

感光材料可多次的影像曝曬,將不同來源的被攝物出現在同一照片,或同一個被攝物多次出現於同一照片的結果。底片重疊則是進行於暗房放相過程,將不同影像的底片重疊或曝光於同一張照片上。兩種影像的結果,都是將照片中的元素進行肉眼視覺經驗之外的結合,呈現一種「不可能」的夢境虛幻世界。

7.中途曝光

中途曝光是軟片或相紙在顯影液進行化學顯像的過程中，給予軟片或相紙另一次短暫光線曝曬的方法。這樣的處理，使顯影進行中顯像較少的部分產生反轉，而改變影像的明暗階調分佈，造成如金屬般的臨界線條廓線或質感，是化學反應所帶來的超現實視覺經驗。

8.負相效果

負相效果是人眼所沒有的視覺經驗，它是影像複製的中介過程，而不是最終結果，是一種黑白顛倒的世界，若將其置於最終結果呈現，觀者感受到的是一種無法形容的虛幻影像。

9.粗粒子及高反差效果

傳統感光材料是由感光乳劑的銀粒子所組成，銀粒子如果以高溫、高濃度、加長時間或強力搖動方式來處理顯像，影像階調與銀粒子都會產生非預期的效果，如反差變大及粒子變粗。對於人眼視網膜的精細視覺體驗而言，又是一種化學顯像過程所造成的超現實影像再現。

環環相生之境

嶺東科技大學視傳達設計系助理教授兼錢幣博物館館長／陳鴻勝

　　人生活在環境之中，創造環境，設計環境，相對地，環境也塑造居住在其中的人。聽過孟母三遷的故事嗎？孟子的母親為了尋覓一處適合於孩子成長的環境，不辭辛勞地搬了數次居住地點，為了就是要讓孟子在合適成長的環境中長大。古人又說，入芝蘭之室，久而不聞其香，入鮑魚之肆，久而不聞其臭。也同樣地說明人在一個室內環境中，久而久之便對環境習以為常，因此，環境對人的影響，大而久遠。

　　近年來，教育界提倡的美的境教，其意涵便在於提供一個優美的學習環境，讓學子們可以在舒適而優美的校園環境中學習，因為環境的感染力是潛移默化的，它雖然無形，卻時時刻刻地在培育和影響學生。從微見著，學校如果髒亂不堪，充滿了違法的吸菸者，到處都是違法亂停放的機車，那可見學生在學校內，根本就是在從事不符合規定的事情，那又怎能要求學生在校外奉公守法呢？

　　台灣是個富裕的國家，但絕不是個禮貌的國度。吾人常在日本都市人行道過紅綠燈時，為日本的駕駛車輛者而感動，他們會禮讓行人穿越馬路，那真的是一份感動，這麼單純的一件事情，在台北鮮少發生，在台灣車輛不禮讓行人，甚至，走得

太慢還會被按喇叭警告。在英國與歐陸旅行，經常聽到謝謝，對不起，借過，那是一個富而好禮的世界。環環相扣，如果從小從環境中沒有看到良好的範例，那麼，隨之而來的，也就是長大後的為非作歹，以自己為全世界的中心。於是，其他人都變成了服務業，要求其他人為自己服務。筆者當然不否認，社會中有許多的服務業，但這不是說，付了錢，對方就變成了服務業了。甚為可惜的，為數眾多的學生，把學校教育也當成了服務業了。因此態度驕傲，不把學習當作是一回事情。只想告訴這樣的年輕人，這不是正當的心態，若以此心，度之萬物，挫折打擊，隨之而來。

相由心生說的是外在表象，隨著人心而浮現。同樣地，境由心生，便指的是環境隨著人心而產生。人者心之器，有句話說，人過了三十歲之後，便要為自己的容貌負責，容貌雖然是遺傳自父母，但是容貌也來自內心的世界，心中世界若不乾淨，外在的容貌也不會清明。環環相扣，內外呼應。

短視近利的政客經常以我們居住的環境，做為生財工具，他們與廠商財主勾結，把土地污染了，賺的是昧著良心的骯髒錢，排放的是污染環境的髒水髒空氣，因此自己的荷包滿了，無辜的老百姓生病了。而這些重污染的環境傷害，是百年無法消除的禍根，也遺留給後世子子孫孫。所謂不是不報，只是時候未到，然而速度飛快的現代，現世報亦屢見不鮮，這些破壞環境的惡人，終會自嚐苦果。

人經常以為自己是生物界中的老大，而其他生物都是次等生物。於是，濫捕濫殺，造成生態的浩劫。許多動物瀕臨絕種，到頭來，受害的還是人類自己，因為我們不是造物者，不明瞭每種生物存在必然有他的理由，無端地介入與毀壞他種生物的棲息地，一環接著一環，生物鍊的破壞到頭來，人類還是無法佔到便宜。所以，澎湖公民以投票的方式，對國際觀光旅

館附加賭場一案勇敢的說不！這是澎湖民眾聰明的智慧，也是對美麗山水尊重的表現。有如前宜蘭縣長陳定南當年拒絕台塑到宜蘭設置廠房，陳縣長說：我們宜蘭不要賺這種骯髒錢。君不見，台塑改到雲林縣設廠多年來，雲林縣成為台灣最貧窮的一個縣，為什麼？台塑不是會製造許多工業機會嗎？因為，環境整體被破壞了，沒有人想要去住在污染的環境中。

而民眾總是要等到受到苦果了，才明白先知的偉大。然而可惜的是，仍舊有懵懂無知的現任縣長，極盡拍馬屁地揣摩上意，張開雙臂迎接澎湖不要的賭場，歡迎重污染的工廠設立，這些遺臭萬年的骯髒事，歷史會記上他一筆。

大自然會反撲，我們若不善待環境，它真的會生氣，而狠狠地教訓人們一頓。在莫拉克颱風侵襲過後，許多不當開發的地區，都遭受到嚴重的傷害。例如把旅館蓋在行水區的，把山坡地亂墾伐的，都被環境與大自然狠狠地修理一頓。因為，人總認為人定勝天，科技工程的力量可以抵抗大自然，可是堤防潰堤了，樓房倒塌了，山坡地整個傾洩，土石流淹沒了村莊。我們有學習到教訓嗎？肯定是沒有的。因為，政府還在不斷地進行所謂的以發展經濟為目的的開發，想要以奇奇怪怪的別名，來興建蘇花高速公路，以圖經濟交通之便利。證嚴汰師長年在花蓮耕耘，她忍耐許久，最後終於發出心願：不要蘇花高。因為這條便利的高速公路，將會把化東地區的自然生態帶到萬劫不復之境地。這是再明顯不過的事實，多少人假經濟發展之名，行破壞環境之實。

有人曾經把人類比喻是一種地球的病毒，這種厲害的病毒不斷地複製，擴大自己，侵佔原有組織，讓原有的器官無法正常運作。最後，器官喪失作用，有機體死亡，人也無法繼續生存。或許，人類的誕生，對於大自然就是一種傷害，而這種傷害，越來越強大，這樣的說法，不無道理。君不見，在人類文

明快速進展之後，隨之而來的是生態的浩劫，大氣中臭氧層被嚴重破壞，南北極冰層溶解，海水上升，氣候詭譎地變遷。人類這種病毒不僅傷害到母體，也被大自然所反噬。大自然的反撲，算是大自然靈性的自我解救，因為人類做了太多傷害地球的事了，更準備尋覓地球以外的居住地，想一走了之。

　　開發可以合理，自然可以變得美麗，有許多國外的案例告訴我們，唯有尊重大自然生態環境，人才可能與環境共存，畢竟我們都不是會長久生活在世上，總會有離開人世的一天，山川自然就如大地之母，我們一定要以謙卑的心情，尊重並善待這塊孕育生命的大地。

藏傳佛教之緣起

嶺東科技大學通識教育中心講師／錢昭萍

藏傳佛教始於吐蕃贊普松贊干布（617?—650）當政時期，基於政治經濟的需要，他先後與鄰近文化經濟發達的尼泊爾和唐帝國聯姻，娶尼國尺尊公主（639）及唐太宗姪女文成公主（641/唐貞觀15年）為妃。彼時藏地文化經濟落後，舉國信奉原始巫術苯教，而尼、唐兩地正值佛法興盛時期，二妃各攜諸多佛像、經典、文物，及文士、技工、穀物、牲畜、器具多種入藏，並將醫藥、曆算、紡織、造紙、釀酒、製陶、碾磨等技術，傳入吐蕃，對西藏的經濟、文化之發展，頗有助益。松贊干布英智過人，受二妃影響而深信佛理，改宗佛教，修建大、小昭寺供奉佛像經典，且令王室、大臣皆改信佛教。其後，召集尼、唐兩地工匠僧侶，廣建寺廟，塑造佛像，建宮室於拉薩布達拉山，並制定法律，釐定官制；復遣端美三菩提等赴南印度學習梵語，而以梵語為本，參酌西藏語韻，創製西藏文字，並大量翻譯佛典，澤布教化，國家大治，佛教在藏地亦初具雛形。

其後，王政幾經更疊，因信奉苯教的權臣作梗，佛寺及經像屢遭損毀。至八世紀初，贊普赤德祖贊（698－755）執政，因其迎娶唐中宗姪女金城公主（710入藏）為妃，故得諸多漢地工匠僧侶之助，重修廟宇，塑像譯經，佛教得以再現生機。

至其子赤松德贊（742年－797年）執掌王政，仰慕先祖德化，發心奉佛，于桑耶擇地修建三寶寺院。因權臣多為笨教徒，極力阻撓，請苯教法師暗施法術，白日所築寺基，夜間悉被鬼神毀為瓦礫，更有工匠僧侶無端失蹤。於是近臣向贊普建言：當往印度迎請高僧前來誦經禳祓。藏王遂遣使前往印度，請得高僧菩提薩埵（靜命／寂護大師）入藏。然而菩提薩埵堪布的菩提心法無力對付苯教的兇惡魔靈，於是堪布復勸藏王迎請鄔金國大成就瑜伽士蓮花生大師來此降魔服妖。蓮花生大師乃蓮花化生的諸佛之身語意化身，擅伏邪魔外道。藏王遂遣使備重禮往印度延請蓮花生大師。西元747年，蓮花生大師入藏，一路施展無邊法力，凡所經之地，各地兇神惡煞悉皆順服，甘為護法。行經拉薩近郊堆龍山谷時，大師以杖擊地，湧甘泉以解眾人之渴，藏人稱之為「雄巴拉曲」（聖山泉），後於當地建廟奉祀大師。大師渡雅魯藏布江彼岸至沙漠地區的馬齒山下，適逢藏王率臣民出迎。藏王因慢心而未頂禮大師，大師即現神通使附近七座山頭出現七座白色佛塔，而摧伏了藏王的我慢。大師以無上威德攝服苯教徒眾魔靈，權臣不敢再興風作浪，桑耶魔患遂從此絕跡。大師于桑耶建立曼陀羅，作伏地儀軌，更騰身於空中以金剛舞加持廟基，而後擇日開工建廟，歷時五載方告竣工（779），即今之桑耶寺。【另說——據《桑耶寺志》記載，『卯年奠基，至卯年竣工』，762年赤松德贊王親自為寺院舉行奠基，此後在蓮花生大師的主持之下，經過長達十二年時間的建造，到775年終告落成。】

　　寺成之後，大師行開光典禮時，天降花雨，空中佈滿清晰的善逝尊身，大放光明，並融入桑耶寺的佛像之中，令見者無不生信。

　　應藏王的誠意邀請，蓮師與菩提薩埵于桑耶寺開壇授徒，翻譯經續，弘揚顯密教法。最初剃度弟子七人，史稱「七覺

士」。在蓮師的建議下，藏人出家弟子陸續赴印度諸大師處學法譯經，歸時又請班智達多人，回藏地共弘教法。其後在長達十三年的佛法集會中，來自印度的蓮花生大師、菩提薩埵堪布、無垢友班智達、達納西拉大師，與漢地的蓮花戒大師，帶領藏地的南開寧波、昆盧遮那等譯師，共同翻譯了無量顯密經續，並闡述法乘，共弘教法，使佛教在西藏的流佈，臻於鼎盛。

依措嘉佛母伏藏的《生世法源‧摩尼寶鬘》（《桑林瑪》）所載，蓮師從此駐錫吐蕃五十六年之久，足跡遍及藏區各地，傳授大手印與大圓滿等「即身成佛之殊勝教法」，及密乘方便道；得大成就的弟子有二十五人，得灌頂傳法而獲解脫者不計其數，從此佛法興盛，廣為傳播。因蓮師預知後世教法衰落，故於各地多設伏藏密法，分佈于山腹、岩洞、江畔、河流等極隱之地，稱為「岩伏藏」；又于諸甚深境中亦多設伏藏密法，稱「意伏藏」，並著護法秘密守護，以待後世有緣者發掘弘揚。

赤松德贊王於六十九歲往生，穆提贊普王子即位，菩提薩埵堪布不久亦圓寂，王子即以蓮花生大師為國師。大師為王子傳法後，便至各僻靜山區、岩洞閉關禪修，加持該地成為修行聖地；並封藏伏藏，以待後緣。

數年後蓮師應王子所求傳授觀世音菩薩六字大明咒法門以解救一切眾生脫離輪迴之苦後，就乘日光飛入天際，離藏往西南而去。當時大師心中射出一「吽」字，沒入東方，此即「心意伏藏密法」之緣起。

藏史稱以上時期為藏傳佛教之「前弘期」，亦即佛法傳入西藏之緣起。

曲女城
——《大唐西域記》的傳奇故事

嶺東科技大學通識教育中心助理教授／簡秀娥

羯若鞠闍國，在遠古時代，都城稱為花宮，國王名叫梵授。當時，梵授國王福智雙全，允文允武，聲威震攝遠近。梵授國王擁有一千個睿智英勇的兒子，以及一百個貌美質雅的女兒。

當時，有一位仙人在都城花宮西面的殑伽河（即恆河）旁邊修行。那仙人曾進入禪定，歷經數萬年，形體宛如枯木屹立不搖，而往來的飛鳥隨意在仙人身上棲息。有一天，飛鳥從別處銜來尼拘律樹的果實，不小心掉落一顆種子在仙人肩膀上，然後發芽茁壯，經年累月，那種子竟然長成茂密的大樹。

後來，仙人出定，發現肩膀上的尼拘律樹（形狀類似榕樹），仙人原本想要把大樹拔除，但是又恐怕翻覆了樹上的鳥巢，所以姑且讓大樹自由發展，當時，大家非常讚美仙人的德行，於是稱仙人為「大樹仙人」。

有一天，仙人在殑伽河畔遊目四顧，忽然看見如雲的美女在一片山林草叢間嬉戲，那正是梵授國王的一羣愛女。仙人情不自禁，生起了貪愛的念頭，不能自我控制，於是便前往花宮，求見梵授國王。

梵授國王聽到仙人駕臨的通報，立刻前往親自迎接。

國王恭敬地問：「大仙人遠離凡塵，超然於物外，今天怎麼有空駕臨？」

仙人說：「我一向棲止在山林藪澤之間，歷經數萬年，最近才出定，當我在殑伽河畔遊目四顧，忽然看見陛下美姿綽約的女兒們，不禁心中生起愛染的心，所以特地趕來請求陛下賜婚。」

國王聽後，驚懼萬分，束手無策，倉惶之間強作鎮定說：「大仙人！您先返回住處，稍稍等待良辰吉日再完婚。」

大仙人聽到國王的允諾，非常高興，便返回原來的住處，等待佳音的到來。

仙人離開後，國王召見一百個愛女，逐一問著：「願不願嫁給大仙人？」但沒有一個女兒願意。

國王深懼仙人的神威，心急如焚，憂愁得形銷骨毀。國王最小的女兒感到非常訝異，就利用國土處理政事的閒暇，從容不迫地問：「父王！您千子具足，天下萬國都思慕受到您的治化，您究竟為什麼憂愁呢？您好像心中有所恐懼？」

國王說：「大樹仙人親自前來求婚，但妳們沒有一人願意嫁給大仙人。那大仙人具有不可思議的威力，能夠運作災禍和吉祥，如果大仙人不稱心如意，一定大發雷霆之怒，而毀滅我們的國家和祖祀，如此，我辱沒了先王的功勳。我深深地思惟這場災禍，心中確實非常恐懼。」

么女說：「我們讓父王憂慮萬分，實在罪過！現在，我願意用我的微不足道的身體，換來綿延國祚的代價！」

國王聽了非常喜悅，於是下令準備車乘，親自送么女出嫁。不久，來到仙人的住處。國王懷著歉意和惶恐說：「大仙人！承蒙您眷念，我親自送來么女，為您灑掃差使。」

仙人看看國王的么女，怒氣沖沖地向國王說：「你輕視我這老頭子，婚配給我這個不漂亮的女兒！」

國王老實地說：「對不起！我逐一問過所有的兒女，她們都不願意嫁給大仙人。只有這個么女，願意供您使喚！」

　　仙人怒不可遏，便詛咒說：「九十九女，全部遭受彎腰駝背的報應，身形毀損，一生不能婚嫁。」

　　國王聽得心驚膽寒，便急急忙忙回宮，那九十九個如花似玉的女兒，已經變成彎腰駝背的醜人。

　　從此之後，花宮改稱為「曲女城」。

　　　　　　　　（參閱《大正藏》五一·頁893c~894a）

【原文】羯若鞠闍國

　　羯若鞠闍國，人長壽時，其舊王城號拘蘇磨補羅（唐言花宮），王號梵授，福智宿資，文武允備，威懾贍部，聲震鄰國，具足千子，智勇弘毅，復有百女，儀貌妍雅。

　　時有仙人，居殑伽河，側棲神入定，經數萬歲，形如枯木，遊禽棲集，遺尼拘律果，於仙人肩上，暑往寒來，垂蔭合拱，多歷年所，從定而起，欲去其樹，恐覆鳥巢，時人美其德，號大樹仙人。

　　仙人寓目河濱，遊觀林薄，見王諸女，相從嬉戲，欲界愛起，染著心生，便詣華宮，欲事禮請。

　　王聞仙至，躬迎慰曰：「大仙棲情物外，何能輕舉？」

　　仙人曰：「我棲林藪，彌積歲時。出定遊覽，見王諸女，染愛心生，自遠來請。」

　　王聞其辭，計無所出，謂仙人曰：「今還所止，請俟嘉辰！」

　　仙人聞命，遂還林藪，王乃歷問諸女，無肯應娉，王懼仙威，憂愁毀悴。其幼稚女，候王事隙，從容問曰：「父王千子具足，萬國慕化，何故憂愁如有所懼？」

　　王曰：「大樹仙人，幸顧求婚，而汝曹輩，莫肯從命。仙有威力，能作災祥；儻不遂心，必起瞋怒。毀國滅祀，辱及先王。深惟此禍，誠有所懼！」

　　稚女謝曰：「遺此深憂，我曹罪也！願以微軀，得延國祚！」

　　王聞喜悅，命駕送歸。既至仙廬，謝仙人曰：「大仙俯方外之情，垂世間之顧，敢奉稚女，以供灑掃。」

　　仙人見而不悅，乃謂王曰：「輕吾老叟，配此不妍。」

　　王曰：「歷問諸女，無肯從命；唯此幼稚，願充給使。」

　　仙人懷怒，便惡咒曰：「九十九女，一時腰曲；形既毀弊，畢世無婚。」

　　王使往驗，果已背傴，從是之後，便名曲女城焉。

　　　　——T51，No.2087（史傳部）《大唐西域記》卷第五
　　　　　　　　　三藏法師玄奘奉　詔譯

Daumie的生活與繪畫

嶺東科技大學視傳達設計系所副教授／黃庭超

　　杜米埃與辜爾貝（Courbet，1819-1877）、米勒（Millet，1814-1875）被合稱為法蘭西的三大平民畫家。他們的繪畫題材均傾向「社會平民階級」的生活，如辜爾貝1849年創作的〈採石工人〉（圖1），米勒的〈祈禱〉（圖2），杜米埃的〈通司婁南路，1834年4月15日〉（Rue Transnonain，le 15 avril 1834，圖3）等，描繪的均是平民日常生活的題材。如果辜爾貝的畫作是在揭示社會狀況的艱苦，那麼米勒則是頌揚虔誠和苦行，而杜米埃所表現的則是民胞物與、對庶民的關心。

圖1　辜爾貝
　　　採石工人畫布·油彩1849
　　　（毀於1945）
　　　160×259cm

圖2　米勒
　　　祈禱　畫布·油彩
　　　1857-59　55×66cm
　　　巴黎羅浮宮

圖3　〈1834年4月15日，通司婁南路〉
1834年7月　石版44.5×29cm
杜米埃石版畫作品總目錄編號135號
法國　私人收藏

　　杜米埃是畫家，也是石版畫家，其一生的傳奇就從1822年開始，這一年他學會了在當時仍然是相當新奇的石版印刷術，自此四十餘年不曾間斷的創作石版畫，終其一生共創作了4000多張石版畫，另外創作了475件油畫與水彩及為數約1000件的木板畫。杜米埃一生所繪的油畫及水彩作品，大部分是1860年以後石版畫市場不景氣時所完成的。故事實上，最能呈現杜米埃一生繪畫生涯精髓者即在其石版畫。今天我們依舊可以直接透過杜米埃的石版畫作品，來見證他那個時代社會、政治、歷史與藝術的脈動。

　　杜米埃生於法國南部馬賽（Marseille），父親是一位裝配門窗玻璃的小商販，杜米埃的父親非常喜歡詩。杜米埃7歲時，他父親至巴黎尋求晉身詩人的機會，因為杜米埃的父親自信自己的詩作才華可以在這個首都獲得良好的發展。1816年底，杜米埃的父親委託友人將杜米埃全家接到巴黎。

　　杜米埃的啟蒙老師是亞歷山大・勒諾瓦（Alexandre Lenoir）騎士，不過杜米埃跟隨這位老師的時間並不長。1922

年，杜米埃14歲時創作了第一幅石版畫，不過據信杜米埃的石版畫技法並不是學自亞歷山大‧勒諾瓦這位啟蒙老師，而是受夏磊（Chalet）和魯費（Ruffet）的影響，可惜我們現在已看不到杜米埃1822至1830年之間的石版畫作。杜米埃現存的石版畫除了14歲時所創作的五件石版畫外，最早的石版畫是〈繼續前進；豬囉們〉（Passe ton chemin；cochon，圖4），這件作品完成於1830年7月22日，是在1830年7月革命前五天發表的。

　　杜米埃從1830年11月4日開始為《諷刺漫畫》週刊（La Caricature，圖5）製作石版畫。1831年12月15日製作〈高康大〉（Gargantua，圖6）用來抨擊國王路易‧腓力普。在這件作品中，杜米埃將國王路易‧腓力普描繪成強索吞噬人民財富的高康大，這件作品著實觸怒了路易‧腓力普，《諷刺漫畫》週刊因而被迫停刊。杜米埃更因此作品被逮捕並關進聖‧佩拉幾（Saint–Pélagie）監獄，石版畫〈高康大〉事件使得杜米埃聲名大噪。

圖4　〈繼續前進；豬囉們〉
　　　1830年7月22日
　　　石版16.9×13.8cm
　　　杜米埃石版畫作品總目錄編號1號
　　　法國　私人收藏

圖5　《諷刺漫畫》週刊海報
　　　葛隆威爾　1830年10月
　　　大約62×42cm
　　　法國　私人收藏

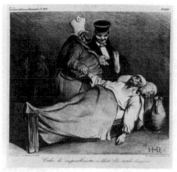

圖6　〈高康大〉
　　　1831年12月15日
　　　石版21.4×30.5cm
　　　杜米埃石版畫作品總目錄
　　　編號34號

圖7　〈我們可以釋放這個囚
　　　犯，他已不再有危險〉
　　　1834年9月11日
　　　石版22.4×25.5cm
　　　杜米埃石版畫作品總目
　　　錄編號85號
　　　法國　私人收藏

　　　1833年1月27日，杜米埃出獄重獲自由。不待出獄，即在獄中為《喧鬧》日報（La Charivari）繪製石版畫，1834年7月，杜米埃繪製了相當著名的石版畫作品──〈通司婁南路，1834年4月15日〉（Rue Transnonain，le 15 avril 1834，圖3），這張石版畫描繪當時法國保皇黨於暗夜殘殺一個無辜家庭的場景。此一作品，讓觀者震懾於此一事件之中，杜米埃的石版畫創作與當時發生的時事完全相契合，充分顯現杜米埃對時事的關心，以及他喜歡以直接的表現方式去掘發社會真相。1834年9月11日杜米埃在〈我們可以釋放這個囚犯，他已不再有危險〉（Celui–là on peut le mettre en liberté，Il n'est plus dangereux，圖7）這張畫作裡，描繪挺著大肚子的國王路易·腓力普和面露陰險神情的法官，正在俯視一個瘦骨如柴，躺在簡陋的小床上，已瀕臨垂死的囚犯（政治犯）。由這件作品的說明文中，顯現杜米埃的

諷刺作品，就如同一把利劍，直接而赤裸的揭露社會真相，剖開了政治局勢裡的腐化與不義。

　　《諷刺漫畫》週刊被迫停刊後，杜米埃為《喧鬧》日報繪製石版畫。新成立的《喧鬧》日報為適應新的形勢，於是於1835年9月23日，在報紙登了一則廣告宣示說：「法國人的典型，杜米埃在這個題目之下，打算再呈現一些由面貌、行為和各個階級裝飾的社會，這些序列之中，另外還有由葛隆威爾（Grandville，法國插畫家，1803-1847）所繪製奇形怪狀的巴黎人，和由布爾德（Bourdet）所繪製，愚笨、粗俗的巴黎人共同組成，在《喧鬧》敘述一個最風趣，全世界最優美，最完整的國民典型。」由此宣告，自1837年至1851年杜米埃創作從未間斷，陸續創作了一些主題無關政治的序列石版畫，計有：31個主要序列、1109件石版畫作品，當然從1837年到1851年這15年當中，杜米埃除了創作上述序列作品外，另外還創作了許多其它主題與其它小系列的石版畫。

　　1846年杜米埃搬到巴黎市中心的聖路易島（L'île Saint-Louis），在1848年革命之前，杜米埃在這裡渡過了一段相當幸福美好的時光。

　　1848年2月，法國發生政權革命的二月革命，國王路易·腓力普因此下台。在「二月革命」之前，杜米埃已經有很長一段時間不曾以政治題材作為石版畫的創作主題與內容。1848年「二月革命」之後的政治環境，帶給杜米埃政治石版畫創作一個新的驅動力。〈在杜伊勒利（Tuileries）王宮的巴黎亂民──見鬼！……深陷在裡面了〉（圖8）這張石版畫是在國王路易·腓力普遜位九天之後杜米埃所繪，雖然描繪的是一個想像的情節，但想必實際狀況就如同畫中一般真實。

　　路易·腓力普的七月王朝垮台後，法蘭西第二共和政體開始，路易·拿破崙（Louis-Napolêon，即拿破崙三世）

圖8　　〈在杜伊勒利（Tuileries）
　　　　王宮的巴黎亂民---見鬼！…深陷在裡面了〉
　　　　1848年3月4日　石版 21.6×26cm
　　　　杜米埃石版畫作品總目錄編號1743號

當選總統，但其稱帝的政治野心日漸顯露，因此，杜米埃重
新啟動蟄伏已久的抨擊政治活力，起而反對波拿巴主義，
（Bonapartisme）。如1851年7月1日杜米埃繪製的石版畫，〈哈
達波阿和他的幕僚——王朝萬歲！〉（Ratapoil et son état major
--vive 1´Empereaur！，圖9）

　　1852年12月2日早上，路易・拿破崙發動政變，法蘭西第二
帝國正式成立。在第二帝國統治時期，杜米埃用「時事報導」
這個標題，創作發表了許多令人感動的石版畫，杜米埃的石版
畫就如同巴黎人和法國外省人的生活舞台。這些作品的主題包
含了各種不同的題材內容，如與運輸相關的主題作品就有：鐵
路、公共馬車（參考圖10）；戲劇類：包含有舞台上的、路
邊的；司法人員相關的主題作品就有：律師、客戶、被告和法
官。從1852年起至1861年止，在九年內杜米埃繪製了至少1200

圖9　哈達波阿和他的幕僚---王朝萬歲！〉
　　1851年7月1日　石版 25.5×22.7cm
　　杜米埃石版畫作品總目錄編號2123號
　　巴黎　私人收藏

圖10　〈巴黎人速寫……公共馬車〉
　　1856年8月30日　石版 20.1×26cm
　　杜米埃石版畫作品總目錄編號2811號
　　法國　私人收藏

張以上的石版畫。在第二帝國統治的這段時間，杜米埃與巴比松（Barbizon）畫派的畫家有著密切的交往。

　　1860年5月15日，杜米埃被《喧鬧》報社老闆腓力朋強行解僱，離開《喧鬧》報社，結束兩人之間長達27年的合作伙伴關係。杜米埃被腓力朋解僱後，直至1863年12月18日腓力朋死後，杜米埃才重返《喧鬧》日報社。

　　1863年，杜米埃搬離聖路易島，搬到巴黎的蒙馬特（Montmatre）。1865年杜米埃搬至瓦爾蒙都瓦，如（圖11），圖上左邊房子即是杜米埃在瓦爾蒙都瓦的住所。

　　在杜米埃一生所繪製的最後的幾百件石版畫中，其中仍有20餘件是描繪政治議題的石版畫，從關心國內政治，進而關心國外政治，在他一生不朽的石版畫作品中，始於政治主題，最後仍舊結束於政治主題。在其晚期所繪製的政治石版畫中，杜

VALMONDOIS — La maison de Daumier
FRÉMONT, Édit., Beaumont-sur-Oise

圖11　住於瓦爾蒙都瓦杜米埃居所的明信片
　　　法國　私人收藏
　　　這張明信片所呈現街道的樣子，相當接近杜米埃居住時的樣子

米埃抨擊英國及牙買加的殖民主義，例如（圖12），杜米埃他將英國描繪成當時英國一位相當出名且相當肥胖的人物叫約翰·比爾（John Bull）（象徵英國殖民主義）手拿著一根粗短的木棍正監視著一個黑人，這個黑人正在向牙買加人嘴巴靠著耳朵偷偷的說——「忍耐」。杜米埃除了用石版畫來抨擊當時英國及牙買加之殖民

圖12　〈愛爾蘭人和牙買加人---忍耐！……〉
1866年4月11日　石版 23.6×19.7cm
杜米埃石版畫作品總目錄編號3494號
法國　私人收藏

主義外，杜米埃同時亦繪製了不少石版畫來揭發普魯士的侵略主義。

　　1868年3月9日，法國政府頒布政治選舉與被選舉完全自由化，同時出版、新聞等言論及出版亦完全自由、完全解放。但此時，雜誌插圖由於印刷技術的進步與更新，從1870年開始，石版畫的原版印刷亦漸漸被新的印刷技術所取代，石版印刷業日漸蕭條。

　　從1871年開始，杜米埃深受眼疾所苦。1873年杜米埃的健康狀況與視力每況愈下，創作量日漸減少，他一生最後兩張油

畫就是在1873年所繪。1874年，杜米埃買下了自1865年開始，
就在瓦爾蒙都瓦租住的房子。1877年，杜米埃已近全盲。1878
年4月17日在朋友大力協助下，杜米埃的首次畫展在杜朗‧余勒
（Durand-Ruel）畫廊舉行開幕（圖13），但因杜米埃剛剛進行
眼部的手術，因此未出席酒會。此次的眼部手術並未成功，終
至全盲。杜米埃在眼睛全盲的狀態下，度過其人生最後的幾個
月生命，1879年2月10日，杜米埃在妻子的陪伴下，在其瓦爾蒙
都瓦的居所，因心臟病與世長辭，享年七十歲。杜米埃死後依
其生前遺願，葬在現今巴黎市內十九區的貝爾‧拉榭斯（Père
Lachaise）墓園。

　　1878年，杜米埃在杜朗‧余勒畫廊舉辦其一生中，唯一的
一次個展。報導裡，有一位記者寫道：「杜米埃不被現在的這
一代人所知悉。」杜米埃在過世前一年已被大多數的觀眾遺忘
了，杜米埃於1879年逝世，直至十年後的1889年，他的藝術成
就才逐漸被世人重視、肯定並承認其為「藝術家」的榮譽。

　　杜米埃用石版畫成就了他個人在藝術至高的成就，同時也
為我們留下一部活生生的記實小說或是一部十九世紀法國社會

圖13　杜米埃1878年的展覽海報
　　　法國　私人收藏
　　　展期從1878年4月17日至1878年6月15日
　　　門票1法郎

見證史。杜米埃用他的石版畫，為他生活的時代做了最佳的見證，也為他那時代的人們記錄了一部活生生的歷史。

《巴黎人的生活》（La vie Parisenne）日報上曾經很生動的評論杜米埃的畫作，它是如此寫著：「藝術家（指杜米埃）的筆是如此的一針見血，就像（是那些可憎的人的照妖鏡），這個宴會展現了所有獨立的靈魂、這些獨立的靈魂雖存在畫廊的深處，但它們卻喚醒了人們沉睡的心靈。」

我看《皇冠》

嶺東科技大學通識教育中心副教授／葉雅玲

《皇冠》創刊號，1954.02

　　華文圈歷史最長，迄今仍在發行中的文藝雜誌《皇冠》，自1954年2月22日創刊，已出刊將近56載光陰，卻歷久彌新。

　　另外兩個同年創刊而仍在發行的文學雜誌，為上海的《萌芽》與台北的《幼獅文藝》，前者為官辦性質，因政治因素幾經辦辦停停，後者則為官辦民營，它們都是主要為青少年開闢的創作園地。而立足於台灣的《皇冠》，純屬民營的綜合型雜誌，卻能從不間斷發行，月月出刊，實屬文壇奇葩。又因

自60年代即發行東南亞版，70年代擴充美國版，因此行銷網絡擴及海內外，成為華人圈歷史最長、傳閱率高、讀者最眾的文藝雜誌。

創辦人平鑫濤（1927-），原籍江蘇常熟，出生於上海，在上海接受大學教育，自大同大學商學院畢業當年，也就是1949年，隻身來到台灣。3、40年代十里洋場上海正值東西交會、多元文化百花齊放之際，成長時期受環境浸染影響，喜愛音樂、繪畫、電影與文學，在中學時即曾辦過校園刊物《潮聲》，來台創辦主編《皇冠》，早期內容以智識性、藝術性、譯文為主，後增加文學性、生活性、趣味性，敏銳的觸角讓刊物與所成立之出版社出版書籍一直能掌握時代脈動，表現出各個不同時代的人情趣味。

這份刊物在主編平鑫濤帶有上海現代性色彩的編輯意識下，發展出「商業」、「入世」及「多變」之經營特色，半世紀以來，在透過文字及視覺傳達表現各個時期各種流行文化的主軸基調下，一併與文學傳播發展呈現多元交織現象，不只成為廿世紀中以來華人通俗文學與文化發展重鎮，亦是華文及台灣文學發展的一條重要脈絡，突顯出海派商業經營方式在推動文學傳播時所發揮的不容小覷之力量。

青年時期由於受到上海多元外來文化影響，原先想要成為畫家的主編，對「閱讀」的定義，觸角擴及了影、音，因此《皇冠》在文字之外包羅萬象，包含多元混雜的視覺、聽覺文化，可謂一部華人尤其是台灣對大眾文藝的接受史。

《皇冠》中的流行文化，含括流行文學、廣播、音樂以及以視覺傳達好萊塢電影、瓊瑤影視、封面設計、攝影、繪畫、插畫到漫畫等。而此一貫重視視覺文化帶來的閱讀新體驗，正符合詹明信所指後現代社會文化模式特點，乃從現代主義的語言中心轉向後現代主義的視覺中心文化，當代社會正在成為一

個視覺文化或者說影像文化社會。

而在主編「不以通俗為低」的編輯理念下，雜誌匯聚作家眾多，雅俗兼備，宏觀其間最具代表性之作家，如馮馮、雲菁、三毛……等，其所呈顯的華人流離、流動、流浪之生命軌跡，與刊物一貫著重流行文學與文化之宗旨，共同結合為《皇冠》的「四流」文學及文化特色。

而該刊56年歷史，可依其採取的經營方針與內容風格走向劃分為六個時期：

一、西化風尚時期：1-100期，1954.2-1962.6。

二、雅俗兼備，明顯匯聚通俗文學大家時期：101-263期，1962.7-1976.1。

三、延續通俗特色，培育文壇新人時期：264-480期，1976.2-1994.2。

四、標舉推廣大眾文學時期：481-648期，1994.3-2008.2。

五、以推理小說北向日本、南對東南亞與西進大陸發展策略時期：649-669期，2008.3-2009.11。

六、納入武俠，更多元走向時期：670期開始，2009.12-。

姑且不由內容論其風格，而由各時期封面設計淺談它的歷史發展，亦可窺因之而呈現的文化現象。為何從封面「看」這本雜誌？其實風格即人格，而裝幀秀書神，從書籍封面即可彰顯風華，呈現出各個不同階段的特色：

首先，創刊號乃一幅高舉火炬的自由女神像，象徵對西方文明特別是美式文化的嚮往。「皇冠」所指既不是貴族、也不是與文學桂冠相對應的充滿商業價值的寶石冠冕，而是自由的象徵。1950年代強烈的好萊塢風格突顯它的西化傾向，大量豐乳肥臀搔首弄姿的女星封面，代表舶來、進步，在風氣保守政治氛圍蕭殺的50年代，不得不謂美國的勢力擴張除了軍力國

力，連大眾文化也席捲寶島，風靡多時，就好比黃春明《蘋果的滋味》裡，一群孩子圍在父親病床前，初嘗美國蘋果時的雀躍新奇。美、中、台三邊關係糾葛，至今不已，這份刊物即連結了上海、台北、好萊塢三地歷史文化。

第二階段與當時位居主導文化的中國文化關係密切。1966年中共推行文化大革命，中國國民黨在台灣則推動中華文化復興運動，國畫大師在學院中佔有一席之地，黃君璧、喻仲林等畫作也屢登雜誌封面，這段時期亦是《皇冠》居文壇重要地位的時期，它與主流文化密切結合，宣揚中華文化。此外，知名的席德進、推動台灣現代版畫先驅廖修平、東方畫會吳昊、五月畫會胡奇中，設計界沈鍇、高山嵐、廖未林、凌明聲等作品，共同體現出尚中又受西方影響的時代氛圍。

第三階段是台灣進步富足的時期，封面亦多元繽紛，如被譽為建設現代中國繪畫藝術的水墨畫家何懷碩、兼擅美術評論的林惺嶽、台灣前輩畫家沈哲哉、李石樵，吳炫三油畫、劉其偉水彩、梵谷……，東西當紅畫派或畫家都躍登封面，這些大都同時在皇冠藝文中心及其他的畫廊展出的作品，共同聯結成一個藝術市場，而報導文學攝影家林柏樑、作家黃春明撕貼畫、劉墉、席幕蓉畫作，林青霞沙龍照等流行作家人物雜揉在視覺文化中，解嚴後大陸藝術家如程十髮、劉旦宅等逐漸加入陣容，此期多能領先潮流，傳佈藝壇新聲。

第四階段，一則解嚴後兩岸交流日密，採用大量大陸畫家如常玉等人作品，一則90年代社會上出現一股女性意識抬頭的聲浪，傑出女性成為社會上備受矚目的一群，政治、藝文、商場上都有突出的女性，陳文茜、張艾嘉、李紀珠等名流，標榜女強人成功形象與被商業化包裝的大眾文學作家沙龍照一起出現。而張愛玲、瓊瑤影視大眾文化再掀風潮，訴求偏向年輕族群，除彰顯這本雜誌對瓊瑤的支持，也可見老靈魂新氣象，不

斷求新求變的企業宗旨。

第五階段，除技術上走向影像合成外，第二階段高山嵐新作再現，時隔40載的合作代表該刊屹立與設計者創新。而大量海外華人作家與大陸新人畫家作品出現，象徵登陸企圖與全球化時代來臨。

至於目前進入第六階段，2009年12月，封面以武俠小說為主題，顯現突破以言情為主調的窠臼，企圖開發更多元的華文大眾文學商業空間。

撮要而言，該刊能長久屹立，實包括外因與內因兩方面：

外因方面：在企業經營本身，挾發行雜誌、出版圖書、發行人兼任副刊主編等多重文壇佔位，亦跨媒介經營廣播、電影、電視及畫廊、劇場、舞團等多角化經營模式，讓它成為文化工業兼文學發展上強勢的文學傳播媒體。「以刊養書」策略與主編本身多樣興趣與帶來上海現代性觀念，以海派風格經營，結合時代潮流，經歷西化、中國化、具台灣本土元素、強調華人化至今全球化等變遷軌跡。

內因方面：除部份專欄廣納華人圈各時期百變更迭社會現象，吸引讀者外，無數作家投入創作，張愛玲與瓊瑤現象也為它帶來雅俗融混的發展趨勢。在流行一脈下，含羅曼史、歷史、政治、科幻、武俠小說……等，成為華文大眾文學重鎮。該雜誌作為眾多華人作家成名之處，或培育無數文壇新人苗圃，它在文學場域中不斷變化其所佔據的位置，亦藉由多元的文學傳播方式帶動文學發展。

接觸奇幻國度
——奇幻文學與再創

嶺東科技大學通識教育中心副教授／吳宇娟

　　自從台灣颳起《哈利波特》的旋風之後，奇幻文學
（Fantasy Literature）頓時成為顯學。接踵而至的《魔戒》、
《納尼亞傳奇》更助長這波奇幻的氣燄。到底什麼是奇幻文學
呢？暢銷奇幻作家泰瑞‧布魯克斯（Terry Brooks）曾說：「如
果奇幻作品要讓人接受，它必須奠基於真理與生活經驗之上。
在奇幻故事中，作者可以盡其所能地發揮創意，可以充滿大量
的映像和多變的情節，至是它不能建立在空中樓閣上。它的世
界必須獲得這個世界的讀者認同，必須提供一個我們能夠辨識
的參考框架。」（《奇幻文學寫作的十堂課》泰瑞‧布魯克斯
的書評）國內對於奇幻文學著力頗深的朱學恆表示，奇幻文學
的基本定義是「在幻想的世界中，加入超自然的力量」（摘錄
自朱學恆「路西法地獄」），並且規範以正統奇幻＼古典奇幻
（high Fantasy）為主，這樣的界定是為了避免與科幻或恐怖小
說之間的混同。至於什麼才是正統的奇幻呢？簡單的說——這
類文學作品的故事結構多數設定以神話與宗教＼古老傳說為主
軸，進而衍生出獨特之世界觀。換言之，最常見的內容則包括

中古時代的先知、精靈、城堡、戰士、魔法、龍等自然或超自然生物；以時間軸解釋，奇幻文學偏向過去，即是在歷史的背景中尋找依據或是相似的事件與場景。

　　在我們界定奇幻文學的場域之後，當然就會討論到形式與文化問題。如果以文學的表現形式而言，奇幻所塑造的想像和探索的故事性，通常最容易以小說表達＼結合，這類小說形式則包含了長篇小說、短篇小說、以及角色扮演遊戲（RPG）和電影劇本的再創；如果依文化背景區分，則可分為東方奇幻小說與西方奇幻小說。奇幻故事的發生通常被設定在與現實世界規律相異甚至是相反的「二元異世界」中；或者是在現實空間裡（如地球或宇宙）加入超自然因素。接觸奇幻殿堂，會發現許多耳熟能詳的故事，它們喚起童年時代對英雄事蹟的憧憬與崇拜。例如在西方文壇荷馬的史詩「奧德賽」（Odyssey）中敘述著眾家英雄在海上冒險患難的故事情節、單槍匹馬的英雄北歐瑞典南部的勇士「畢歐渥夫＼貝奧武夫」（Beowolf），抑或是「亞瑟王與圓桌武士」（King Arthur and Knights of the Round Table），從神劍（Excaliber）到加拉哈德和柏西法尋找聖杯（Sir Galahad and Sir Percival and the Quest for the Holy Grail），都在在內化成讀者童年的深層記憶。

　　至於談到西方文學的經典奇幻，本文則以《納尼亞傳奇》（The Chronicles of Narnia）、《地海傳說》〈The Earthsea Cycle〉、《魔戒》（The Lord of the Rings）為切入重點。《納尼亞傳奇》是由著名的英國作家克利夫‧史戴普‧路易斯（C.S. Lewis）在1950年代所著，是一套七冊的英美兒童奇幻文學經典之一，包括近期《哈利波特》系列的作者──J.K.羅琳（Joanne Kathleen Rowling）都曾表示自己深受其影響。由於路易斯本身是著名的神學家，因而《納尼亞傳奇》也被認為隱喻許多基督教義，他企圖以活潑的喻涵方式讓兒童瞭解《聖經》的內

容。此系列小說並且擷取不少十九世紀的《金銀島》、《安徒生童話》等情節，所以在《納尼亞傳奇》的系列中或多或少都能找尋到它們的蹤跡。另外《地海傳說》創造者娥蘇拉・勒瑰恩（Ursula K. Le Guin），她則強調中國道家《道德經》陰陽同源、善惡並存以及齊物論的平衡核心思想，與西方基督教的二元對立的觀點大異其趣。小說中並非強調絕對的英雄主義，卻充分描寫挫敗的英雄，不斷深化探索自我成長的過程；字裡行間述說著光明圍繞黑暗的價值觀，並且塑造出迷離幽微的彼岸東方島嶼世界。《地海傳說》透過豐厚的東方思維呈現，讓西方奇幻經典開拓更寬闊的視野並且注入多元的哲學元素。至於《魔戒》的鍛造者約翰・羅納德・魯埃爾・托爾金（John Ronald Reuel Tolkien）寫下曠世鉅作，多年來一直被奉為現代西方正統奇幻文學小說的開山鼻祖。其改編電影《魔戒三部曲》也成為本世紀最重要的電影饗宴之一。作者在替自己虛構世界的唯一一篇辯解文〈On Fairy Stories〉（《關於妖精故事》）中提出「第二世界」的概念——他認為「第一世界」（The Primary World）是神所創造的宇宙，即是人類日常生活的那個世界；而第二世界（Secondary World），是幻想創造出來的想像世界，反映神創造的第一世界，所以它絕非是「謊言」，而是另一種「真實」。托爾金的中土（Middle Earth）」神話吸引了許多人，包括後繼的創作者更把異世界與龍族放入小說以外的載體，例如1980年代美國《龍槍編年史》是奇幻小說與電玩的RPG遊戲精采結合的代表作，另外1990年代韓國《龍族》更成為把小說與電玩同時銷售的成功案例。

很多人認為東方文學只有志怪小說、神魔小說或是鬼狐仙怪的故事，卻沒有真正的奇幻文學。其實把奇幻文學的定義套入《封神演義》的情節架構觀察與印證，那麼即可斬釘截鐵的宣稱《封神演義》是正統奇幻＼古典奇幻（high Fantasy）的代表作。

此書的故事設定以神話與道教封神為主軸，規劃了完整的異世界（仙界＼神界），另有商周的中土戰爭，也有猙獰、四不像、花狐貂、玉麒麟、花斑豹、獨角烏煙獸等自然或超自然生物；書中更出現鴻鈞老祖、道德天尊、原始天尊與通天教主等等先知。既然是戰爭，因此商、周二國當然各自擁有許多異能驍勇的戰士——哪吒、楊戩、土行孫、張桂芳、趙公明、魔家四將……等等。由此可見，華人世界中傳統的神怪文學並非如西方學者誤以為僅是民間（口傳）文學而已。另外如《西遊記》與《鏡花緣》都堪稱是奇幻經典之作。由於《西遊記》的故事內容許多讀者都耳熟能詳，所以不再贅述。至於談到《鏡花緣》這部作品，其實是擷取並整理了《山海經》、《博物志》、《拾遺記》等典籍的許多構想與記載。小說前半部描寫百花仙子托生唐小山，其父嶺南文士唐敖因科名蹭蹬，於是產生出世的念頭，乃隨林之洋與舵工多九公乘船到海外出洋貿易，三人遊歷各處的異聞奇景——包括「君子國」、「大人國」、「淑士國」、「白民國」、「黑齒國」、「不死國」、「穿胸國」、「結腸國」、「豕喙國」、「長人國」、「伯慮國」、「勞民國」、「女兒國」、「軒轅國」等國的經歷。途中也遇見鮫人、蠶女、當康、果然、麟鳳、狻猊等奇異生物。後五十回則寫武則天開試女科，由唐小山（後改名唐閨臣）及其他花仙子托生的一百位才女得舉，並在朝中有所作為的故事。除了以上三部長篇小說之外，如果再詳細檢索並且分析六朝志怪、唐代傳奇與清代《聊齋志異》等短篇小說的故事內容，即可發現原來傳統古典短篇小說其實是一座奇幻寶庫。例如從〈蠶馬〉、〈干將莫邪〉、〈陽羨書生〉（以上屬六朝志怪），〈杜子春〉、〈南柯太守傳〉、〈補江總白猿傳〉（以上屬唐代傳奇），〈小翠〉、〈畫皮〉、〈葉生〉、〈聶小倩〉（以上屬《聊齋志異》）這些篇章都可以看見奇幻文學的特徵。臚列所舉僅是鳳毛麟爪，至於此類佳作實在是不勝枚舉。

其實每個人的心中都藏著一座異想世界＼異次元空間，不論它的故事是以長、短篇小說或是色扮演遊戲（RPG）、或是電影等等形式呈現，只要你願意創作，發揮想像，必定能建造並探索屬於自己的奇幻國度！

親愛的，我把空間變大了

嶺東科技大學視傳達設計系助理教授／顏鎮榮

一、櫥窗的定義

「櫥窗」在英文 "show window"，根據日本小辭典中解釋是指「面對公共空間之櫥窗的展示，以吸引該展示窗前來往人潮目光，並具誘導顧客步入店內的機能為其主要目的。是店方意念的表現，且著重予以觀者話題性的內容。」又「從街的景觀及地域環境而言，「櫥窗」是處於「接點空間」的意義，因此就設計立場，雖屬獨立的主張意念；但必須存有『參與及延伸公共空間』的觀點。」

另根據陳俊宏、楊東民（1998）合著《視覺傳達設計概論》一書中，對櫥窗的解釋為：「櫥窗（show window）是商店的臉，具有宣傳媒體的效果，消費者可以從櫥窗的陳列商品，得知該家商店的經營內容；其主要的是利用店面所設的櫥窗，展示商店的營業項目或販賣物品的種類，藉以吸引消費者並刺激購買慾。」

二、櫥窗的誕生

在過去，誰也不會想到「櫥窗展示」會是促銷和宣傳的利器，有了這樣的轉變，在黃世輝、吳瑞楓（1992）所著《展示設計》一書中提及「櫥窗的出現大致係由兩方面的因素所促成，其一是大量生產與大量銷售的商業體系的成熟。其二是建築技術與玻璃技術的改革。」前者使得促進銷售與促進商品的資訊能夠流通而成為重要的商場經營策略；後者則使得建築物容許在牆面結構上鑿開一個大洞而不必擔心結構安全與風砂破壞。除此外，當然與消費大眾的知識水準和同業間的競爭息息相關，台灣地區這些年來，有關櫥窗展示設計的水準，提升不少。不過，在國內，櫥窗展示設計的平均水準，與歐美日等國家相較之下，仍差一大截。他國其實有許多優點值得參考，據悉，歐美日各國，不但視櫥窗展示為促銷的手段，同時也是服務消費者的責任。因為經營者的觀念認為：能使得來來往往的行人或觀光客能夠欣賞並接觸到美的視覺，是他們應盡的義務。目前，在國內雖然在經營的觀念上尚未完全開放到如此，但是很顯然的，我們已在起步階段，尤其是服務業和百貨公司的櫥窗展示設計，更是走在各行各業的前端，高居領導地位。

在這個高科技文明的時代裡，消費者的眼光和消費能力有越來越高的趨勢，尤其走在流行腳步前面，追求時尚的服飾業、百貨公司每每挖空心思在求新求變之下想盡辦法推銷商品。明顯的，在未來，由於商場上的競爭愈來愈激烈，可以預見的是現代「櫥窗展示」設計的水準將會更出色，當然這也是必然的一種趨勢。

三、櫥窗的配置型態

櫥窗主要是介於店內與店外的中間地帶，觀賞者（消費者）可透過櫥窗瞭解該商品或商店所傳遞的訊息，但是有些櫥窗獨立置放在公共車站與地下道的內壁，這應該也是櫥窗的延伸。

櫥窗的配置型態種類繁多，不過大都考慮基地大小、商品的種類及消費者等因素居多，由台隆書店所編譯《建築設計資料集成》一書中，將有關商店、百貨公司之櫥窗配置作了極詳細的說明與劃分，其中將櫥窗的平面形式分為平形、突入形、廣間形、透視形、組合形及長屋形等6種形式，另縱斷面之部份，除常見平面形式之縱斷面外，依樓層結構的不同又劃分為2層形、多層形及地下室之利用等。

另吳江山（1995）在《展示設計》一書中認為櫥窗除表達商店內部之訊息外，亦提供美的視覺效果，加深消費者對商店的印象，使消費者產生誘導作用。因此櫥窗配置之決定甚為重要，通常依照不同的產業而有不同的配置，例如：化妝品、服飾、珠寶、傢俱、家電……等。另一個考量因素為環境空間的大小，例如：路面的寬廣、通道的大小、門面的寬窄……等。

除以上所述外，森崇在櫥窗的平面配置型態上將其歸納為開放型、透視型、平面型及嵌入型等4種形式。在縱斷圖面上又區分透視型、嵌入型及雙層型等3種型式。

四、櫥窗展示的表現方式

有關展示的表現方法，其外在形式可能包羅萬象，但從表現手法來看，依據黃世輝、吳瑞楓（1992）在《展示設計》一書中分別將商店的櫥窗展示表現手法分為分類陳列型展示

與意象象徵型展示兩大類。「分類陳列型展示（Assortment Display）是依照某種分類陳列出來的展示手法。」「意象象徵型展示（Token Display）不以商品陳列為主，而以意象（image）效果的訴求為優先，目的在引人注目，透過展示表達某些意念⋯⋯。」

五、櫥窗展示的商品內容

櫥窗展示無論是採用分類陳列型展示或塑造主題性的意象象徵型展示，兩者所處理的共同點大都是以具有迷人的、時效性的、高價位的商品為主要對象。在《世界櫥窗展示》（International Window Display）雜誌中，便將櫥窗展示明顯的分為季節展示與特別展示兩大類。季節性展示以表達季節更迭及民俗節慶為主；特別展示則是依商品性質分為多項類別，即青年服裝、布料、鞋子、襪子、化妝品、寶石、刀件、贈品及紀念品、家用品及餐具、糖果等。

六、結論

經由以上的論述以後，可以瞭解改變櫥窗展示的方式很多，例如：在櫥窗的配置型態上，考慮基地大小、商品的種類及消費者等因素等候，有關展示的表現方法，其外在形式可能包羅萬象，但從表現手法來看，可以分為分類陳列型展示與意象象徵型展示兩大類。無論是採用分類陳列型展示或塑造主題性的意象象徵型展示，兩者所處理的共同點大都是以具有迷人的、時效性的、高價位的商品為主要對象，而不以堆疊陳列的表現作訴求。

黃梅戲〈戲牡丹〉的雙關與諧趣

嶺東科技大學通識教育中心講師／黃智蘋

　　在八仙傳說的民間故事中，有關呂洞賓的故事恐怕數量是最多的，黃梅戲有齣〈戲牡丹〉就是搬演呂洞賓與白牡丹買藥鬥智的故事。劇中，由於呂洞賓不肯服輸、糾纏不休的反派形象，加上雙關、成語的靈活運用，文字詼諧活潑有趣。以下我就來介紹〈戲牡丹〉這齣小戲的劇情內容：

　　話說呂洞賓有一天帶著身背藥箱的徒弟雲遊四海，看到一家藥店招牌上掛著「萬藥俱全」四個字，呂洞賓心想凡人居然敢誇海口，就對徒弟說，「咱們去買藥」，「師父，您無病無痛的買什麼藥？」呂洞賓：「凡間藥店居然敢說萬藥俱全，我就去買四味藥，戲耍一下賣藥人。」於是師徒倆邁過鐵橋，走向藥店，老闆白雲龍臉堆著笑，上前相迎：「道長，有何指教？」，呂洞賓：「我上門特來買四味藥草，不知可有？」，白雲龍：「本店無論川、廣、黔、貴、浙、皖、贛、閩，九州八府的藥應有盡有。」呂洞賓：「好大的口氣啊！」，白雲龍：「道長不信的話，請付單方」，呂：「貧道口報，不用單方」，白雲龍：「請講」。呂洞賓緩緩道來：

一要買那稱心丸，二要買那如意丹，三要買那煩惱膏，四要買那怨氣散。

白雲龍心裡犯愁，這四味藥連聽都沒聽過，便想打發他走人：「道長你早來三天也好，遲來三天也妙，我是新藥還沒到，舊藥已經用完，請到別間去買。」呂洞賓：「不遲不早，剛剛湊巧，我點四味藥都是平常用藥，你若連這些藥都沒有，還說什麼萬藥俱全，徒兒打碎他的招牌」，老闆緊張的忙說：「慢，慢，且讓我看看後面有沒有存貨，請道長等等再來取」。呂洞賓：「徒兒，我們先去茶樓喝喝茶，等會再來討藥，這四味藥是有名無藥，我諒他也拿不出來」。

呂洞賓師徒走後，老闆煩惱不知如何是好，心想這是哪裡來的怪道長，這四味藥翻遍《本草》也不見記載，怎麼辦呢？眼看這塊百年招牌就要毀了。正當白雲龍愁眉深鎖時，他的女兒白牡丹，端了一杯茶走了出來，看到父親緊鎖雙眉，一問究竟，白雲龍便把適才情況一五一十告訴女兒，牡丹聽了，掩面吃吃大笑，白雲龍：「妳還笑的出來，我急都急死了」，牡丹：「爹啊，這四味藥乃是有名無藥，我看這位道長是存心來找碴的，這樣吧，讓我來三言兩語，打發打發他走人，您先到後面休息休息，放心吧！」

頃刻間，呂洞賓二次進店準備取藥，沒想到換了一個小姑娘端坐在店堂裏，呂洞賓便問：「小姑娘，老闆呢？」牡丹：「你說我爹嗎？他去幫人治病了！」呂洞賓說：「咦，我點的藥材一味都未付？怎就逕自去了？」牡丹：「你的藥我早準備好了，您拿去吧！」呂洞賓：「沒有啊」，牡丹：「在你手上啊」，呂洞賓：「這不是空話嗎？」，牡丹：「你點的四味藥乃是有名無藥，不也是空話嗎？」，呂洞賓說：「那你給我說說看這道理，說得出就不砸你招牌」。牡丹：你聽著：

　　知足常樂稱心丸，隨遇而安如意丹，無事生非煩惱膏，事事和善怨氣散。

　　呂洞賓見牡丹對答如流，不肯善罷干休：好，這四味藥我不要了，要另點四味藥：

　　一要買遊子思親一錢七，二要買舉目無親七錢一，三要買夫妻相親做藥引，四要買兒無娘親二三厘。

　　牡丹就拿了「茴香、生地、蜂蜜、黃蓮」給他。

　　呂：你怎知我要的是這四味藥？

　　白牡丹：有道是遊子思親當回鄉，（雙關是「用一詞語同時關顧兩種的不同的事物或兼含兩種不同的意義的修辭方式」。「遊子思親當回鄉」，這是屬於諧音的雙關「除了本身所含的意義之外，又兼含另一個與本詞彙同音的詞彙意義」呂洞賓說「遊子思親一前七」，白牡丹知道「遊子思親就應當回鄉」，呂洞賓要點的藥自是「茴香」囉！）

　　舉目無親在生地（此乃詞義雙關「一個詞彙在句中兼含兩種意思」。呂洞賓要「舉目無親七錢一」，「舉目無親就是在生地」，「生地」除了指陌生環境，更是一中藥名稱。）

　　夫妻相親甜如蜜（雙關）

　　兒無娘親黃蓮味（雙關）。

　　不料牡丹居然對了出來，呂洞賓不免慌了，忙說：這四味藥我也不要了，我要另點四味：一要買藥材三分白，二要買藥材一片鮮紅，三要買藥材顛倒掛，四要買藥材巧玲瓏。

　　牡丹對說：茯苓切片三分白，硃砂研粉一片鮮紅，五爪佛手掛顛倒，小小葫蘆巧玲瓏。

　　呂：「不對，前面三味是藥沒錯，但葫蘆不是藥材啊！」

　　牡丹：「請問道長，這葫蘆裏裝的是什麼？」

　　呂：「是藥！但這小小葫蘆能裝多少藥？」

　　牡丹得意的指指自家招牌：「葫蘆雖小，萬藥俱全啊。」

呂：好，就算你對上了，我還要另點四味：一要買天上的三分白，二要買天上的一片鮮紅，三要買天上的顛倒掛，四要買天上的巧玲瓏。

牡丹：寒天下雪三分白，日出東方紅彤彤，北斗七星顛倒掛，五色彩霞巧玲瓏。

呂：我還要再買，一要買水上的三分白，二要買水上的一片鮮紅，三要買水上的顛倒掛，四要買水上的巧玲瓏。

牡丹：叢叢蘆蕊三分白，朵朵荷花紅彤彤，彎彎菱角掛顛倒，個個蓮蓬巧玲瓏。

呂洞賓的徒兒看師父佔不到便宜，便上前勸：「師父，您說天她對天，您說地她對地，您對也對不過人家，難也難不倒人家，我看還是順風轉舵走人吧！」，呂：「哼！為師的如果鬥不過這小小黃毛丫頭，還稱什麼八洞神仙」。呂洞賓思索一番，然後不懷好意的望望牡丹，「嗯，有了，我不免在她身上點上四味，諒她也說不出口。」

呂：「小姑娘，我還要另點四味」

牡丹：「你還點啊，好吧，你點吧！」

呂：一要買姑娘的三分白，二要買姑娘的一點鮮紅，三要買姑娘的顛倒掛，四要買姑娘的巧玲瓏。

牡丹：「罵聲道長您好差，點不到藥名，卻點到我身上，藥名不對後店踏。」

呂洞賓非常得意，以為勝券在握了，「徒弟，砸他招牌」。

白牡丹心想：我若不對，豈是輸與了他，被他笑了去。「好，如此你就給我仔細聽了」：臉不敷粉三分白，口不塗胭脂一點鮮紅，八寶耳環顛倒掛，我這雙手能織能繡會寫會算，可算得巧玲瓏。

徒弟說：對得好，對得好，小大姐，我也來幫師父點上四味：一要買師父的三分白，二要買師父的一片鮮紅，三要買師父的顛倒掛，四要買師父的巧玲瓏。

白牡丹聽了笑的彎不起腰：「我看不對也罷了」，呂卻說：「要對，一定要對」

牡丹：「當真要對？」

呂：「要對」

牡丹：「果然要對？」

呂：「果然要對」，同時握拳讚了一下徒弟。

牡丹：「如此，你再仔細給我聽了」：你有眼無珠三分白，面紅耳赤一片鮮紅，哭喪棒兒顛倒掛，跳來跳去巧玲瓏。

徒弟：「師父，罵來了，罵來了，快走啊。」

牡丹得理不饒人：「你點啊，再點啊，我諒你也點不出什麼好樂來，有道是人外有人，天外有天，道長，我勸你別自命不凡狗眼看人了。」

呂惱羞成怒：「你出口傷人罵道長，要咬爛舌根短命亡。」

牡丹：「出家人短命絕了後，絕子絕孫斷了香，凡人有兒承遺志，縱然短命有何妨？」

呂：「你說有兒承遺志，請問小姑娘，你生了幾個小兒郎？」

白牡丹是姑娘家，哪來兒子！一時羞於啟齒。呂咄咄逼人，看牡丹肯定敗下陣來，遂再叫徒弟打爛他招牌。牡丹她躊躇之中急中生智，脫口而出：「若問兒子有三個，卻個個不在娘的身旁。」

呂：「大兒子呢？」

牡丹作勢摸了摸呂洞賓的頭羞赧的說：「大兒子出家當和尚」

呂的徒兒問：「二兒子呢？」

牡丹敲了一下徒兒：「二兒子幫人背藥箱」

呂又問：「第三兒子呢？」

牡丹上前指著呂洞賓：「第三個兒子不賢孝，他，他，來至店堂，一番兩次，兩次三番（是用了頂真的修辭技巧），盤問他的親娘。」

神仙呂洞賓被個凡間小姑娘臭罵一通，頓時氣得吹鬍子瞪眼，差點昏倒！

這齣〈戲牡丹〉的黃梅戲故事，有著濃厚的民歌氣習及文學趣味，說明「人外有人，天外有天」，大羅神仙未必比凡人高明的道理。八洞神仙呂洞賓被塑造成一個具有凡間愛憎的形象，在與白牡丹鬥智的過程中，非但沒佔上鋒，反被牡丹嘲弄一番。這齣小戲因為人物形象塑造得鮮活成功，語言對白的針鋒相對，加上成語、雙關、頂真的巧妙運用，故而充滿了詼諧的趣味。呂洞賓在民間信仰中是與關公、觀世音一樣對社會有最大影響的神明。據說他一生樂善好施，扶危救困，經漢鐘離十次考驗，終得道成仙。呂仙公是詩仙、劍仙、財神、醫神、文昌君，更是理髮業的保護神。傳說他常在酒樓茶館留下仙跡、度化世人。雖然類似〈戲牡丹〉種種關於呂洞賓的傳說有些流於世俗化，卻使得呂洞賓「貼近了蒼生」，富有人情味，也贏得百姓對他的喜愛。

E世代新思維

嶺東科技大學資訊管理系講師／陳元瓊

　　網際網路的正式登場大約是在1994年左右，自從那時開始，一個以網際網路為基礎的全新資訊環境便正式地全面展開，加上以手機為載體的行動數據服務，兩者發展性日新月異，迅速獲得許多人的使用，從而全面更新人類的生活內容，新的世代於焉產生。新世代新的生活內容，新的思維，不論是資訊的產生與處理方式，甚或是經濟生活、休閒娛樂、溝通交友等方面，均帶來巨大的影響與轉變，新世代的年輕人更是生於斯、長於其中。本文藉由專業機構大型研究調查之結果，綜合歸納整理，嘗試統整與分析，以展現新世代的新生活面貌。

　　針對手機方面的使用，根據國家通訊傳播委員會（NCC）的資料顯示，截至2009年第二季為止，我國的行動電話用戶數為2617萬戶，手機門號人口普及率為113.4%。目前2G手機門號數為1,115萬戶，3G用戶為1,361萬戶，較上一季成長9.5%，佔全台手機門號數比例從48.4%上升到52.0%。平均每個門號每月使用簡訊數為17.9則。開通行動上網功能之總用戶數本季約為1,661萬戶，佔行動通信用戶比例提升至63.5%。因此，手機換機用戶逐漸以3G為選購首要考量，行動通訊業者手機的採購比重也隨之調整，3G與2G手機的比例約變為7比3。

根據資策會FIND（Foreseeing Innovative New Digiservices）2009年最新的網路問卷調查結果顯示，受訪的網民中有90.7%曾經使用過行動數據服務。網民「經常使用」通訊／溝通類服務的比例最高（42.0%），若以「曾經使用過」的角度觀之，則絕大多數的網友都曾經使用過「通訊／溝通類」的行動數據服務，曾經使用過的比例高達96.3%，而曾經使用過「行動娛樂」（63.3%）、「瀏覽訊息」（58.8%）及「行動購物」（24.3%）的比例則相對較低。這顯示出網民在使用行動電話系統業者所提供的行動數據服務中，仍是以「通訊／溝通」的範疇為主。「行動通訊／溝通類」服務的使用頻率，則發現有使用過「文字簡訊」（SMS）的比例最高（89.9%），相對的，曾使用過「視訊電話」的比例最低（21.0%）。使用頻率的概況，則發現網民使用「文字簡訊」的頻率最高。並且達到「通訊／溝通」的目的；另外，發送簡訊的成本對消費者而言是相對較低，並且使用行為的門檻也較低，進而讓簡訊成為較為普及的行動數據服務。而在發送簡訊的部分，在最近一個月內曾有發送簡訊的網民即高達94.4%，過去一個月內，每位網民每週平均發送13.76封的簡訊，以一週七天換算下來，平均每天發送1.97封簡訊。相較於使用行動數據服務，經常性發送簡訊的網民人口較多，顯示出「簡訊」這項服務對於消費者具有高度的親近性。

　　根據資策會FIND調查結果顯示，有使用行動數據服務經驗的網民，最有可能使用行動數據服務的場合為「通勤時」、「工作場所」與「家中」。在各項行動數據服務中，以「鈴聲」、「遊戲」及「桌布」的下載使用普及度最高，而使用行動數據服務的考量，主要以「功能性」考量為主。另外，在行動數據服務的市場區隔中，以GPS定位相關服務最具「利基性」。

　　至於新興寬頻與無線服務在個人應用服務上，最新調查結果顯示，不論是認知度、使用率或是未來的接受度，皆以網路

電話免費通話功能（PC-to-PC）的應用服務居冠，而一般民眾雖然對於需付費的新興服務認知度達六成七以上，但是仍因付費的關係而裹足不前，最有希望破繭而出的付費服務為網路電話。至於客層流動率上，以免費通話功能（PC-to-PC）的客層最為穩固，互動式線上學習之客層流動率為最高。

另一方面有關網際網路的發展，依據國際研究機構Point Topic所公布全球寬頻統計調查數據顯示，至2009年第二季止，xDSL仍為全球主要寬頻上網技術，用戶數逾2億8千萬戶，佔用戶數比幾近65%；其次則為Cable Modem（9139萬戶），佔20.71%。FTTx用戶與無線寬頻用戶則各為5630萬（佔12.76%）與725萬（佔1.64%）。另外，國際組織FTTH Council日前公佈2009年6月全球光纖上網普及率超過1%的國家數目已增加到21個經濟體。在全球光纖上網普及率排名方面，亞太地區仍然引領全球，2009年上半年南韓普及率超過46%，位居第1名，香港、日本分別以約33%、約30%緊追在後，台灣則以約19%穩居第4名，其次是北歐國家瑞典和挪威等地。另外，根據Cisco的研究，目前全球連網用戶平均每月使用11.4Gbytes的網路傳輸量，網路使用量最高前1%用戶的傳輸量就占總網路流量的20%。針對網民的使用行為來看，用戶每月網路上傳輸的資料中，有4.3Gbytes的傳輸檔案屬於視訊內容，主要上網時間約在晚上9點到凌晨1點，藉由此研究成果可以更了解全球網民未來使用網際網路的趨勢。

我國經濟部資策會FIND調查結果顯示，在家庭寬頻、行動與無線應用現況與需求上，台灣在2008年第三季時有超過四分之三的家戶使用網際網路，並有高達九成的上網民眾曾經在家中或居住地區使用過網路，此意味著家裡已成為民眾上網的主要地點。擁有影音部落格的比例為12.2%，擁有文字部落格為8.8%；使用單純語音電話的比例為8.8%，而使用影像網路電

話的比例為6.1%。至於一般上網時最先抵達的入口網站，憑藉其綜合性資訊與功能的優點，穩居到達率寶座，其到達率高達97.96%，表示每月約有1，264萬網友造訪；而社群類別網站也不遑多讓，以88.57%的到達率緊追在後，顯見以社交功能為主的社群網站在網友的網路行為當中，已佔有十分重要的地位。但是，網友平均一個月花在社群網站上505分鐘，而停留在入口網站僅386.6分鐘，足足較入口網站多了118.4分鐘，可見對於網友來說，社群網站更吸引人！觀察網友在最近很火紅的Facebook使用行為上，發現網友使用Facebook的平均一個月使用時間高達439.5分鐘，平均下來，每天平均約黏在Facebook上面14.65分鐘，已佔了使用社群網站時間的56.6%，由此可見社群類別網站黏度高於入口網站。

　　跨入網路經濟時代，因為網際網路而形成的網路人口特性，形塑出許多方面截然不同的樣貌。根據創市際市場研究顧問公司的調查報告指出，曾在網路上交友的受訪者中，以使用「即時通訊類（如：MSN／Yahoo Message／Skype／QQ／ICQ）」（68.5%）交友工具的比例最高，其次為「線上遊戲」（40.8%）、「聊天室」（35.0%）。經由交叉分析發現「即時通訊類」以19歲以下或職業為專業技術人士（律師／會計師／醫師／建築師／教授）的傾向較高。「線上遊戲」的受訪者以24歲以下或職業為學生偏好程度較高。「聊天室」則以20-24歲或職業為藍領（工人／店員／司機／農林漁牧）的受訪者有較高的傾向。在網路交友工具的使用動機中，會因為「找尋聊天／談心的對象」（59.1%）而使用交友工具的比例最高，其次依序為「找尋相同／興趣嗜好的對象」（55.3%）、「排遣寂寞」（35.2%）及「找尋一起玩樂的對象」（35.1%）。「找尋聊天／談心的對象」以19歲以下或是較傾向於透過聊天室或即時通訊類、交友聯誼網站（如：

Yahoo交友／愛情公寓／MSN Match）、Email等交友工具的受
訪者。「找尋相同／興趣嗜好的對象」以40歲以上或職業為退
休或者是較偏好於透過BBS（電子佈告欄）或Email、社群／
Blog／論壇、微網誌服務（如twitter）等交友工具的受訪者。
從受訪者使用網路交友工具的情況中發現，有48.2%的受訪者
認為「打發時間」是交友工具的最佳優點，其次為「交友選擇
性廣」（45.3%）以及「一次可認識多位網友」（40.2%）。
為了「打發時間」的受訪者有較高的傾向使用聊天室或線上遊
戲、微網誌服務等工具。為了「交友選擇性廣」的受訪者則較
偏好於使用交友聯誼網站或微網誌服務等工具。認為「一次可
認識多位網友」的受訪者則以交友聯誼網站或微網誌服務等工
具的傾向較高。從受訪者使用網路交友工具的情況中發現，受
訪者普遍認為「雙方互相欺騙隱瞞（身分虛報）」（72.1%）、
「網路詐騙猖獗（騙財／騙色）」（68.7%）、「素質良莠
不齊」（59.4%）等原因是網路交友工具最大的缺點。曾經在
網路上交友的受訪者中，網友最喜歡的工具以使用「即時通
訊類」（68.5%）交友工具的比例最高，其次為「線上遊戲」
（40.8%）、「聊天室」（35.0%）。

　　至於玩遊戲則以「網路休閒遊戲」（40.6%）、「單機版遊
戲」（33.7%）、「角色扮演型網路遊戲」（25.7%）的傾向較
高；而其中有49.6%的受訪者表示目前有玩網路遊戲，更深入發
現「角色扮演型」與「戰略型」網路遊戲佔較多男性消費者，
而最常玩的網路遊戲依序為「明星三缺一online」、「跑跑卡丁
車」與「楓之谷」。

　　最後，根據2009年5月19日創市際市場研究顧問公司所公佈
台灣地區2008年17-21歲就讀於大學的網友使用各類型網站的概
況分析，研究發現造訪各類型網站的到達率的前3名分別為「入
口網站」、「社群」及「個人網路服務」（如：通訊錄、行事

曆、網路記事本……等）；此外，亦從2008年1月到12月的單次停留時間觀察發現，停留時間最長的是「社群網站」，「線上影音網站」次之，「入口網站」則居第三。 若與所有網友的造訪率排行相比，大學生造訪社群、個人網路服務、線上影音、教育機構、檔案交換、論壇等類型網站的排名是較高的，藉此可以歸納出大學生經常造訪網站的特色如下：

1.娛樂性網站：為了滿足娛樂性需求，大學生造訪社群、線上影音網站的到達率排行明顯較全體網友來的高。

2.實用性網站：為了滿足實用性需求，大學生造訪個人網路服務、教育機構、檔案交換、論壇網站的到達率排行較全體網友高。

大學生網友們花最多的時間在「社群網站」上與同學、朋友互動，且對於「論壇」及「檔案交換」網站的使用程度頗高，顯示網路對大學生網友而言，除了主要作為人際互動的溝通工具以外，其次檔案傳遞這類實用性的網站亦頗為重要。

參考資料

Point Topic Website， http：//point-topic.com/index.php

FTTH Council， http：//www.ftthcouncil.org/

iTWire，http：//www.itwire.com/

國家通訊傳播委員會（NCC），http：//www.ncc.gov.tw/

經濟部資策會FIND，http：//www.find.org.tw/

創市際市場研究顧問股份有限公司，
http：//www.insightxplorer.com/

財團法人台灣網路資訊中心，http：//www.twnic.net.tw/

趣味「色」計
——趣味化商品之吸引力

嶺東科技大學視傳達設計系助理教授／嚴月秀

　　隨著物質文明的進步，現代人卻背負著種種沉重的壓力，無論來自於工作亦或來自於生活的種種，有些人產生睡眠障礙，有些甚至要求助於醫生，而長期因為這些困擾而用藥的人越來越多；另外由於科技的進步也造就了社會人際上的疏離，使得憂鬱寂寞的人相形變多。因此設計者關注到此現象，開始在設計的商品中試圖加入了情感互動的訊息，企圖讓使用者在還沒有使用之前就被他的有趣幽默所吸引。藉由趣味性的產品設計，可以讓人在情緒上得到紓解，也讓商品不再只是一個可以使用的商品而已，設計師們開始將設計重心轉移到產品的情感特徵以及如何引發使用者的情感與心理反應，商品除了滿足美學及使用需求的設計之外，更對產品注入趣味性的特質。

　　義大利設計精品ALESSI與故宮於2007年起聯手創造品牌，由義大利設計師Stefano Giovannoni及日本設計師Rumiko Takeda聯手設計推出系列的「清宮家族」Mr. Chin公仔娃娃，包括研磨胡椒罐、鹽與胡椒罐、計時器、蛋杯（如圖一），我於去年參觀故宮時買了當時的蛋杯共有三種顏色。於2008年Giovannoni又發表了新產品「東方傳說OrienTales」系列，造型轉為東方的動

植物造型，包括鳥類、香蕉、金魚、蓮花等，全成了設計靈感來源，而產品類別更多元包含小碗、醬油罐、壽司碟、糖罐、奶壺、酒瓶塞、萬用盒等，到了今年2009年第三波的合作「香蕉家族」正式誕生；主角是一隻猴子，在中國文化中屬猴的人總是活力旺盛，性情友善、樂群、機靈，不斷在追求進步，此系列的作品趣味性更高。

　　除了國際品牌的跨國合作之外，國內也於近幾年內誕生了一些不錯的自創品牌，像是2005年成立的PLUSTONE Creative Group旗下擁有DXION及milife兩大創意品牌，「Design from life」從生活中找尋創意設計元素是DXION最主要的精神，在不違反自然行為、生態的考量下，更讓每個商品都有一個故事可言，這是我喜歡他們商品的主要原因，商品的自我組合性很強，可在使用的過程中產生趣味感，讓人深深感動。另一個品牌milife是享受迷人生活Charming Life；令人「充滿好奇」加上使用時的驚喜就是「迷生活」產品的精神所在。商品Money Tree及Tofu Cup是個人最迷的商品之一。另外還有一個以完全不同方向產生的趣味品牌「設計小人」SB∞BS，以一種戲謔詼諧的想法刺激消費者，讓人產生發洩的管道，這就是他吸引人的地方；「化小人為跪人」名片座以及「頭降吧！小人」都是他的經典作品，只要每天頻繁使用任何「設計小人」的產品保證借力使力，化陰險於無形，這是他們的品牌精神所在。

　　近幾年由於趣味化商品在全球發燒，因此在國際上有許多創意品牌的設計都有不錯的表現，包括亞洲的設計像是FELLGOOD的 Dream Garden系列，讓人在單調的辦公室裡也能享受綠意盎然的環境。來自泰國的Propagnda 其Mr.P馬克杯系列總會帶給你新鮮事，別以為喝咖啡總是一成不變，他的搞笑本領肯定可以為你的生活加分，讓你能夠有愉快的工作時間以及休閒時光。由設計師Chaiyut Plypetch設計的「天鵝舞者」Swan

Story系列，他的水果盤設計讓您在準備水果招待客人時，更可展現主人不凡的品味；簡潔的線條與幽默的趣味，更帶您進入另一種生活新美學。日本的設計品牌Kyouei Design其設計師Kouichi Okamoto所設計的傘架，可將雨傘流下來的水提供商品中的綠色植物使用，相當具有環保概念。以上的這些品牌大家可以從他們的官方網站中找到其商品圖例資訊，基於尊重智慧財產的觀念並不在文中提出，以下幾張照片（圖二至圖六）是本人於去年遊阿姆斯特丹時所購買的，在當地其實可以找到許多販賣這些有趣商品的個性化商店，包括機場都有，商品來自世界各地，琳瑯滿目。在當地買歐洲品牌的商品比在台灣買便宜許多，如果各位喜歡這些商品，建議旅遊時可順道購買。

　　趣味化商品的特色除了產生趣味效果之外，在色彩的表現上也是相當重要的，大部份的商品色彩單純不複雜，黑色和白色也是經常被使用的色彩，同一件商品中也都有許多色彩可供選擇，色彩明亮，材質精細，造型簡潔具美感是其外在的特徵。無論如何產品透過什麼樣的設計方式能夠喚起使用者的情緒進而獲得認同，是設計工作者值得去深入探討與了解的，站在一個設計教育者的立場，我希望學生能夠多多思考，多感覺多體驗生活，讓更多的創意展現在我們的生活之中。

圖一　ALESSI─Mr. Chin蛋杯　圖二　ALESSI--Magic Bunny牙籤罐

圖三　RITZENHOFF開瓶器正面　圖四　RITZENHOFF開瓶器反面
　　　（天使與魔鬼）　　　　　　　　　（天使與魔鬼）

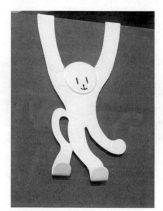

圖五　DOORHANGER MONKEY門上掛勾一組三個

圖六　胡椒及鹽罐組

掌中乾坤大
——台灣當代偶戲述略

嶺東科技大學視傳達設計系助理教授／邱一峰

一、偶戲的分類

　　戲劇是一門融合多樣元素的綜合藝術，兼備了文學、音樂、繪畫、雕塑、舞蹈等不同成分。戲劇的發展歷史悠久，其衍生的形式與種類繁多，若依照表演主體的不同，或可大致劃分為「人戲」與「偶戲」兩個層面。然而，以「人」為主體的戲劇表演歷來最為普遍而尋常，透過裝扮飾演人物來演出，亦即王國維所言「以歌舞演故事」，因此成為通稱的「戲劇」，不致模糊。相對而言，透過「偶」為操縱工具，卻要表演人體所呈現的動作和內容，表演形式特殊而有趣，我們即稱之為「偶戲」，以與人演的「戲劇」區別。

　　隨著世界文化相互交流的頻仍，西方現代的戲劇觀念亦引進東方社會，對大眾的欣賞娛樂起了相當的作用，但與中國的傳統戲劇在表演形式上畢竟很不一樣，若依特色及時代背景加以劃分，則前者被歸為「現代戲劇」，後者稱為「傳統戲曲」。「戲曲」的概念來自於中國傳統戲劇中往往在演出中伴

隨著大量的唱曲，形成與西方現代「話劇」（僅有說白而無唱曲）極為明顯的差異。雖然西方也有所謂「歌劇」的戲劇形式，甚至將中國的京劇簡單化約為「中國歌劇」，藉以突顯其在歌唱表現上的特點，但嚴格說來，若就實際的內涵上來講，兩者終究不能等同而論。

美國康迺迪克大學偶戲研究所教授巴洛克指出，偶戲的呈現主要有五種形式：提線、杖舉、手套、影戲和面具，是依操作方法的不同來區分的。前四種在中國古籍的記載中均有出現，在現代的中國大陸各地也依然存在，爭議不大，是為中國傳統偶戲的四大形式，亦即「提線（懸絲）傀儡」、「杖頭傀儡」、「掌中（布袋）傀儡」和「皮影戲」。問題在於「面具」一項，其以人的肢體直接上場演出，並非透過肖似人形的木偶來操作表現動作，與傳統中國的偶戲定義出入頗大，否則，地戲與儺戲那種以面具表演的戲劇該如何歸類？若此，則戲曲中的臉譜畫飾（其功能類於面具）是否也當歸入「偶戲」？這些爭議在學術上或許存在，但在現代偶戲實際的演出中則早已普遍認同。

二、從傳統走向現代

在現今的台灣社會，傳統偶戲仍屬於中國戲曲大系統的一個支脈，大致上又可分為「傀儡戲」、「皮影戲」和「布袋戲」三大類。除了以「偶」的方式呈現之外，其在內容中富含大量的曲牌和唱段，情節不外乎忠孝節義的教化故事，偶而夾雜神仙道化和才子佳人的襯托，形成固有的表演模式，但相對於台灣社會近幾十年來的急劇變化，再加上觀眾視聽娛樂管道的豐富多樣，現代大眾的欣賞口味丕變，早已對冗長而單調的傳統型式不具耐心，易生厭煩，因而在缺乏群眾的支持下，使

得傳統偶戲迅速萎縮，除了布袋戲仍能一支獨秀之外，其餘已幾近於銷亡殆盡，尤其「傀儡戲」與「皮影戲」如今猶存的劇團屈指可數，竟成罕見的珍寶了。布袋戲由於能夠成功地與影視媒體結合，曾在現代社會風靡一時，造成莫大的轟動，但也僅止於現代改良式的「重口味」布袋戲，反而那些強調傳統、堅守古意的「古典布袋戲」，所面臨的窘境也漸同皮影、傀儡一般，後果堪憂。許多群眾之所以願意觀賞傳統偶戲，往往出於罕見而好奇之故，一旦發覺演出的單調乏味，便再難駐足觀看，更別提因興趣而投入了。

有傳統偶戲，當然也有現代偶劇。近十幾年來，現代偶劇表演在台灣甚為風行，吸引了大批的觀眾。就劇團來說，出現了諸如「九歌」、「鞋子」、「紙風車」等大量的兒童劇團，雖名以「兒童」，但其中有多數的內容是藉由「偶」的方式呈現。「兒童」指的是表演的對象而言，乃因針對兒童為觀眾而設計內容，適合親子共同觀賞。兒童對於玩偶有特殊的興趣與情感，再加上偶的造型具有極大的可塑性，可以發揮豐富的想像力，因此以「偶」來表演故事，搭配卡通化的佈景和童謠式的音樂、歌唱，可以創造出一種頗富童趣的風格，在現今重視兒童教育的環境裡，加上父母對兒童成長的關愛，使得這一類的兒童劇團長期得到支持。另外，「一元布偶劇團」、「無獨有偶工作室」等偶劇團，雖不以「兒童」為名，卻也是以兒童觀眾為對象，只是把表演形式更集中在「偶」的呈現，而不似兒童劇團的多樣性（節目不限於以「偶」來表演）。現代兒童偶劇中的「偶人」有兩種主要的表演形式：其一，「偶人」的呈現直接以人的身軀為主體，僅將卡通化造型之偶頭或面具套在人的頭上，穿著設計誇張形狀特殊的服裝，藉由脫離現實世界的場景佈置，營造出虛幻迷離的氣氛，使整個舞台作為偶人活動表演的範圍，可將劇場的原有設施充分發揮，場面氣氛盛

大熱鬧，有的甚至可與觀眾互動同樂，拉近兩者的距離。其二，「偶人」以布料裁製，仿造西方布偶的造型，人類、動物、昆蟲、器具等形象多樣，運用自如，又直接以手臂伸入操作，搬演簡易，場景依照比例大小設計創造，與現實產生了區隔，但富含童話故事的想像趣味。此外，兒童偶劇在故事題材方面的選擇，主要有三個方向：一是改編自眾所周知的童話故事，將童話世界直接用表演呈現出來；二是選取中國神話故事的精采段落，如《西遊記》、《封神榜》等充滿神奇變化的人物和情節，激發兒童的好奇和想像；三則是涵融西方童話與東方神話後重新創造的新故事，但仍以滿足兒童奇想世界為主要內容。無論如何，各種形式的「偶劇」均藉由幻想世界的飛翔馳騁，吸引兒童觀眾的希奇目光，在當今台灣的兒童劇場領域，佔有舉足輕重的地位。

三、台灣偶戲的新嘗試

值得注意的是，一群有志之士正在投入一股改革的風潮之中，他們從傳統偶戲中看見了優美的內涵，再加上對現代劇場的深入認識，致力於將兩者融合為一，開創出另一種不同的表演美學風格。

台灣的傳統偶戲大宗為布袋戲，此與影視傳播的群眾魅力有密切關係。時至今日，布袋戲已經成為台灣偶戲的具體代表。不過必須說明的是，影視布袋戲已與布袋戲的表演傳統手法漸行漸遠，真正可作為表演技巧真善美的台灣偶戲代表，依然是以古典布袋戲為當仁不讓。然而諷刺的是，在講究市場行銷與包裝廣告的現代社會，影視布袋戲一直以來均獨占鰲頭，而且分布範圍廣大，群眾魅力驚人（由遍佈全台各地的「後援會」組織炯然可知）；相對而言，古典布袋戲則瑟縮於城鄉一

角，吸引著少數執著於精緻優美演技風貌的老戲迷，持續傳誦古老而不朽的傳統故事。如「小西園」、「亦宛然」、「五洲園」、「新興閣」等古典布袋戲團，正為箇中翹楚，其木偶身段動作之精緻，口語對白之文雅，音樂唱曲之悠揚，在在展現出布袋戲的當行本色。

中國傳統偶戲的精緻表演風格是獨特的，演師操作技巧之精湛是相當迷人的，這些特色都是西方或現代偶劇所無法取代的。來自荷蘭的台北「大稻埕偶戲館」館長羅斌有鑑於此，近幾年來則努力萃取傳統偶戲的表演精華，融入西方現代戲劇的劇場元素，一方面以生活週遭的題材做為表演內容，另一方面也不忘從舊有的故事中重新改編，注入符合現代觀念的主題思想，為當今傳統偶戲劇場化的嘗試開創成功的先例，影響極大，其中可以《馬可波羅》作為代表。而後，身為「亦宛然」第三代弟子的黃武山，以古典布袋戲的深厚基礎，結合戲劇研究的學習背景，更以掌中戲的傳統形式演出莎翁名劇《亨利四世》，成果雖是仁智互見，卻也在戲劇界引起一股風潮。這樣的一條新路在當今或許還有仍待努力之處，可謂在夾縫中求生存，但對於亟待改革的古典布袋戲界來說，卻不啻是另一個發展的契機。

四、台灣現今偶戲的多元化

這是一個多元的社會，即便對於藝術界而言，更是容許多元藝術創作的嘗試與共存。偶戲劇壇亦復如此，有人堅持傳統，有人積極創新，也有人努力於將古典與現代融合為一；有的利用人偶裝扮，有的透過布偶表現，有的使用木偶操作，卻也有人打破了人、偶之間的藩籬，進一步促成人、偶同台演出，創造出另一種偶劇風貌。我們不妨嘗試著將這些不同形式

的偶戲表演給予固定的名稱，以示區隔：（一）以傳統型制的戲偶與舞台表演的，稱為「古典布袋戲」；（二）結合電影電視拍攝技巧剪接製作的，稱為「影視木偶戲」；（三）採用現代話劇觀念演出童話故事的，如「九歌」、「紙風車」、「一元」等以兒童觀眾為對象的劇團，稱為「現代偶劇」；（四）融合古典精緻內涵與現代劇場元素的，稱為「劇場布袋戲」。如此分類或許並不完善，例如（一）、（四）中的「布袋戲」也可以是「傀儡戲」或「影戲」等其他偶戲種類，但由於台灣傳統偶戲以布袋戲最盛行，故以之為代表。

　　當然，這些都是可以被接受的，各式各樣的偶戲表演形式正出現在台灣社會的各個角落裡，由此也正可見其繁榮昌盛的景象。在狹小的偶戲圈裡，偶戲人更應該屏除門戶偏見，開放心胸，以宏觀的視野包容現代多元的偶戲形式，如此才可為台灣偶戲之路開拓長遠的未來。

從組織變革看天下

嶺東科技大學企業管理系助理教授／呂欽武

「話說天下大勢，分久必合，合久必分。」耳熟能詳的這句話來自於中國古代名著之一《三國演義》的作者羅貫中，中國歷代王朝經歷了許多次的興衰更迭，以今日的眼光來看，這些改朝換代的過程無疑等同於現代的組織變革（Organizational Change）。運用現代管理學的理論與技術來分析歷史演進的分分合合都可以歸納出種種脈絡與趨勢，因此架構出人類社會發展的潛在定律：對基本的人性需求而言，沒有人願意長期生活在黑暗困苦的社會環境裡，對各種政治體制的人民或公司組織的員工來說，在太平盛世時，他們就會願意安靜地、滿足地做統治者的奴隸或部屬；到了動盪亂世、連奴隸或部屬都做不穩時，他們也就要起來反抗並改造不安的現狀了。西洋史中也有某一民族衰亡，另一民族繼起的傳記，或是某一文化崩潰，另一文化誕生的說法。

隨著科技文明變遷的速度與幅度愈加緊湊與擴大，為迎合新時代進步的組織變革也更頻繁且巨量的發生，人類社會隨著時代潮流一直不斷演變，從村里部落的自給自足走向全球經濟的跨國合作時代，人類組織在演變的過程中必然進行局部或整體的調整，不論是人員職能的提昇或規章制度的變更，皆需具

備顛覆傳統的智慧與勇氣，以激撞出變革的質量與能量。

　　西元1992年美國前任總統柯林頓（Bill Clinton）競選時喊出：「It's Time to Change America」，經過四任總統任期之後到了西元2008年美國現任總統歐巴馬（Barack Obama）二句膾炙人口的競選標語仍然是：「Change， We Can Believe in！」及「Yes， We Can！」由世界強權的人民心聲明確反映出持續求新求變的高度期盼，「滿足現狀就是落伍」這句話已經是現代組織共同奉行的圭臬，所以，組織變革的原因（為何而變？Why？）、時機（何時該變？When？）、對象（誰來演變？Who/Which？）、方法（如何改變？How？）與目標（變些什麼？What？）是各類型組織經營管理上的重要課題，匯聚引導出未來天下組織集群各具特色的多元發展趨勢。

　　關於組織變革的類型，集合全球網民智慧菁華的維基百科（2009）整理如下：

　　　一、策略變革：組織變革總是來自於策略變革，包含組織的策略、任務、願景等。

　　　二、文化變革：策略變革常常需要文化上的變革來配合，例如：組織共享的價值、目標等。

　　　三、結構變革：重組意謂重新設計組織結構，集改變分部化、協調、控制幅度、決策集權化等。

　　　四、任務重設計：組織之中個人和團隊的任務和權威的改變。

　　　五、技術變革：意謂組織用以完成任務的工作方法之修正，包含了新的生產技術、新汰選程序、新績效評鑑方法等。

　　　六、人事變革：改變員工的態度、價值、行為。

　　　一般而言，變革管理的步驟是：領導變革（Leading Change）、規劃變革（Planning Change）、執行變革

（Executing Change）、鞏固變革（Consolidating Change）。關於「領導變革」，管理學大師彼得・杜拉克（Peter Drucker）談到：「每四、五十年，就會出現一次大變革，我們現在正處於這樣的時間點。過去的變革給我們的啟示是：每一個組織都必須成為變革的領導者。我們無法管理變革，也不能僅因應變革，而是必須領先變革。」領導人的遠見很重要，是對環境的靈敏感覺與正確反應，進而激發出全部組織成員的危機意識。「規劃變革」是管理上很關鍵的一個階段，企業流程再造（BPR）及企業流程管理（BPM）談的都是這一段，先以團隊導向找出關鍵點、流程導向進行合理化及最佳化、科技導向進行內外資源整合是三大重點，這一階段有很多的顧問公司與管理學者提出理論與實務的做法，有些還有配套的電腦軟體工具可用，變革的團隊觀、體驗觀、系統觀、整合觀的管理能力都要在此展現。「執行變革」代表一種紀律的實踐，也是領導人最費心推動的工作，必須成為組織文化的核心成份才能順利完成，此階段強調組織成員雙向主動的學習要比被動的宣導有用，變革過程中的模擬測試、檢核、教育訓練、人員參與及修正回饋都是很重要的。

「鞏固變革」簡言之就是將變革的做法加以制度化，進行效益分析可以更清楚目標與強化動機，「看到希望、有效溝通、相互鼓勵、強化信心」是鞏固變革過程中具體的做法並確保變革的成果。

「組織變革」的定義係指組織受到外在環境變化的衝擊，配合內在環境的需要，進行調適與改變，因此，組織發生變革的原因可分為內部力量與外部力量，前者包括組織內部所有權或經營權變化、組織過度呆滯等等；後者包括市場變化、競爭者變化、科技變化等等。組織應根據其內部條件以及外部環境分析發展出一個複雜、動態的進化過程，需要有系統的理論指

導才能有條不紊達到最佳效益，傳統組織變革理論中的Lewin變革三部曲、Kotter變革八步驟，及複雜系統理論中的突變理論，可得到對於變革個案成敗因素的合理解釋。克特・盧文（Kurt Lewin，1940）認為「變革」是指維持現狀與改變現狀兩大力量互相激盪抗衡，需要削弱前者的力量，或是增強促使組織變革的力量，才可以順利推動組織變革，因此提出一個組織計畫性變革的三部曲模型，用以解釋和指導如何發動、管理和穩定變革過程：

一、解凍（Unfreezing），創設變革的動機，凸顯挑戰性的急迫問題，使人員認知道組織變革的需求，鼓勵員工接受新的適應組織戰略發展的行為模式和工作態度，並建構一種開放的氛圍和心理上的安全感，減少變革的心理障礙，提高變革成功的信心。

二、行動（Moving），變革策略的執行，為新的工作態度和行為模式樹立榜樣，採用角色模範、導師指導、專家演講、群體培訓等多種途徑。Lewin認為：「變革是個認知的過程，它由獲得新的概念和資訊得以完成。認知重建：發展新的行為、價值、態度，幫助人們用不同的角度去看事情和未來以不同的方法做事。」

三、再凍結（Refreezing），形成穩定持久的群體行為規範，把組織活動予以結構化，讓組織運作有序，固定於新的均衡狀態。

約翰・科特（John P. Kotter，1998）的研究顯示：成功的組織變革有70%～90%由於領導成效所致，還有10%～30%是由於管理部門的努力。Kotter提供與Lewin的理論相近卻更細部的八階段變革流程：一、建立危機意識。二、成立領導團隊。三、提出願景。四、溝通變革願景。五、授權員工參與。六、

創造近程戰果。七、鞏固戰果並再接再厲。八、讓新作法深植於企業文化中。

系統變革模型是在更大的範圍裏解釋組織變革過程中各種變數之間相互聯繫和相互影響的關係。這個模型包括輸入、變革元素和輸出三個部分：

一、輸入包括內部的強項和弱點、外部的機會和威脅（SWOT），其基本構架則是組織的使命、願景和相對應的戰略規劃：組織的使命代表其存在的理由，願景是描述組織所追求的長遠目標，戰略規劃則是為實現長遠目標而制訂的變革行動方案。

二、變革元素包括目標、人員、社會因素、方法和組織體制等元素。這些元素相互制約和相互影響，組織需要根據戰略規劃來組合相對應的變革元素以實現變革的目標。

三、輸出是指變革的結果，根據組織戰略規劃，增強組織、部門、個體三個層面的整體效能。

組織變革的過程中必然會遇到抗拒壓力與適時的調整策略，由於組織是由眾多的個體及多層次的次群體所組成，抵抗組織變革的原因大致可分成二類：成員認知及系統牽制，前者包括：無力感、誤解、對未知之恐懼、變革疲乏等等；後者包含：組織慣性、階級意識、權力分配、文化衝突等等。面對組織變革的抗拒力量，變革執行者可實施下列步驟以排除障礙：

一、進行組織成員組織承諾、知覺、態度調查，找出抗拒組織變革的關鍵因素。

二、提供更清楚的變革關鍵需求與核心理念，具體化未來願景，加強雙向溝通與變革教育，以提升組織成員對改革之期望。

三、啟動變革績效機制，獎勵變革初始的成功範例，以實
　　質回饋增強成員參與變革之動機與信念。

四、精進變革策略執行過程的領導與協調能力，運用升高
　　組織變革之驅動力（Driving Force）、降低組織變革之
　　抵抗力（Restraining Force）的方法來完成組織變革的
　　目標。

　　身處西元二十一世紀的高度文明時代，蓬勃發展的資訊
網路帶來知識經濟的快速普及化與全球市場的高度競爭化，不
同文化之間的相互衝擊與整合，每分每秒都在持續進行人類社
會有史以來最多且最快的變化，因此企業經營者的首要工作就
是不斷思考如何因應變革，實施組織最需要、最合適的變革管
理，唯有正確的變革，才能真正提高組織的競爭力。

　　變革管理專家彼得・聖吉（Peter M. Senge）指出：「未來
的組織比的是誰學得快、學得好，誰就愈有競爭力。」因此今
天的企業界也愈來愈重視教育訓練資源的投入與成果的實踐。
彼得・聖吉的《第五項修煉》包括「建立共有願景、自我超
越、團隊學習、改善心智模式、系統思考」，這些修煉的目的
就在於提升組織學習能力，進而達到組織變革的績效目標，於
是開創新天下的活動就此生生不息傳遞綿延。

漁樵話三國
——忠義篇

嶺東科技大學通識教育中心副教授／賴玲華

　　元朝羅貫中透過文學藝術想像，將三國志平話改編為《三國演義》，小說有七十五萬多字，內容精緻豐美。羅貫中在序裡說此小說「文不甚深，言不甚俗」，形式上力求雅俗共賞。由於情節精彩生動、人物形象鮮明活潑，更有淑世教化功能涵於光明正向的主題內，中華後裔，無人不知三國，且樂談三國。

　　三國事蹟發生於西元二百年之際，漢室傾危，時局紛擾渾沌，然而亂世卻也成為《三國演義》英雄豪傑爭強逞功的壯闊舞台。在這部歷史小說裡，時見策士的機鋒閃現，有驃悍的勇士保國護主，各種不同軍事謀略的抗衡，不同人物的消長，各種倫常情義的萌發，在章回迤邐間，更時有正氣貫穿瀰漫，其間的忠義美學尤其是整部小說的主題核心。

　　三國為劉備、孫權、曹操對峙，就中曹操軍勢最為強大，蜀、吳必須藉著聯盟以抵制曹軍，並尋求致勝的機會。時亂世艱，烽火聯綿，但三人身邊都有足以生死相託的良臣武將，他們各事其主，也共同織錦出可歌可泣的動人故事。

　　於蜀而言，劉備、關羽、張飛的金蘭結義，就演繹出人間

最真醇美好的情份，在粉紅翠綠的桃花林間，飄傳著三豪傑共死的誓言，爾後他們始終肝膽相照，患難與共，其中關羽的忠義豪雄氣質，更是羅貫中喜歡著墨揮灑的題材。

關羽對於劉備，恪守君臣之倫及兄弟之義，在第二十五回裡，他被困於屯土山上，曹營張遼前來勸降，於是有「降漢不降曹」、「封金掛印」、「過五關斬六將」的精彩章節，即使曹操施厚恩以結其心，關羽卻威勢不可劫之，重利無法誘之，心與眼眸始終朝著兄長劉備的方向。曹操即使萬般為難，終究信守承諾讓他離去。關羽的重情重義更發揮在「華容道義釋曹操」的情節上。他的政治立場與曹操對立，他卻不忘舊恩，即使已經下軍令狀，最後仍是忠於自己的情感，把義氣看得比性命還重要，讓毛宗崗不禁寫贊曰：「拼將一死酬知己，致令千秋仰義名」。他的忠義精神日後被神格化，在隋朝即被封為伽藍護法神，此後屢受歷朝皇帝加封，並成為民間敬仰膜拜的神祇，尊稱他為關帝爺、恩主公、武聖……，百姓深信他可以帶來庇護與福佑。除了相隨的關羽及張飛外，劉備還有睿智的孔明為他謀策效命。

孔明原本躬耕隴畝，有經天緯地之才，卻樂隱林泉，劉備藉由徐庶、司馬徽的推薦，不辭鞍馬勞頓，三顧茅廬，求賢若渴，又以蒼生社稷之名來召喚孔明，情義真誠感人，使隆中臥龍從此飛騰於大時代的風雲裡。他為蜀漢斬棘披荊，南征北討，先輔佐劉備奠定立國礎石，繼而幫助劉禪承繼大業，從聯吳抗曹借荊州，以巴、蜀為根據地，打下一片江山，爾後六出祈山、七擒孟獲、造木牛流馬，於五丈原耗盡心力，長嘆：「再不能臨陣討賊矣！悠悠蒼天，曷其有極！」，他為蜀漢夙興夜寐，鞠躬盡瘁。一代賢相，已然千秋典範。相隔約五百年後的杜甫，在〈蜀相〉裡猶悼孔明：「三顧頻煩天下計，兩朝開濟老臣心。出師未捷身先死，常使英雄淚滿襟。」羅貫中以

濃墨重彩刻畫孔明，這些精彩情節莫不圍繞著一個核心主軸，
詠嘆孔明崇高的忠貞襟懷。

在孫權麾下的周瑜，他是東吳英雄豪傑中，光芒最燦豔
的人物。宋朝大詩人蘇軾在〈念奴嬌〉裡歌頌他：「遙想公瑾
當年，羽扇綸巾，談笑間，檣櫓灰飛煙滅」。文字遙想周瑜瀟
灑倜儻、運籌帷幄的風采，智慧與英勇兩全。《三國志》裡的
周瑜也是性度恢廓，待人處事謙沖寬和，老將程普曾與人說：
「與周公瑾交，若飲醇醪不覺自醉」，除此之外，周瑜最讓
人動容的還有忠貞不二的靈魂。在第四十五回的羣英會裡，有
一段攝人心魂的自剖，他對前來遊說的蔣幹，道君臣的倫理，
云：「大丈夫處世，遇知己之主，外託君臣之義，內結骨肉之
恩，言必行，計必從，禍福共之，假使蘇秦、張儀、陸賈、酈
生復出，口似懸河，舌如利刃，安能動我心哉？」。這段話把
孫權對他的知遇之恩由君與臣的關係，再聯結到更緊密的骨肉
情誼，讓蔣幹瞠目結舌，後世讀者也要大為嘆服，果然是千古
風流人物。

曹操在三國裡較多負面形象，但是麾下也多忠義死節之
士，以典韋為例：在第十一回裡，曹操攻打呂布西寨失利，一
路遭遇呂布、張遼的阻卻攻擊，梆子響處，箭如驟雨，萬分
火急時，典韋於箭雨中殺散敵軍，救出曹操。爾後在清水戰役
中，曹軍遭遇張繡突襲，典韋身無片甲，依然奮勇死戰，以血
肉之軀，迎向無情槍箭，為曹操擋住寨門，曹操始奪生路。在
這場慘烈的戰鬥後，曹操設祭哀泣：「吾折長子、愛姪，俱無
深痛；獨號泣典韋也。」失去骨肉親人豈能不痛？典韋非其親
人，但曹操哀傷逾恆，是感於典韋忠勇赤誠，心心念念護主，
完全不畏死神威嚇，一片冰心，蒼天可鑑。典韋成就其個人生
命的崇高價值，也是曹操永遠的守護神。

在演義裡，時時出現超越個人生死的俠氣，繫之於君臣倫

常，繫之於知遇恩情，千餘年時光悠悠流過，三國傳奇不僅未隨之褪色、湮沒，反而熠燿生輝，代代流傳，尤其忠義人物的典型，更是深入人心，成為小說中最動人的書寫。

說話的藝術

嶺東科技大學教務處課務組組長／黃如莉

　　在學校行政大樓二樓學輔專案計畫中心窗外貼了有這麼一幅字，上面寫著：『話多不如話少，話少不如話好』看過嗎？其實，誰不會說話？只是說得中聽或不中聽而已吧！說的中聽，那就是說得有藝術，說得不中聽呢！當然就是沒藝術了！

　　說真的，「說話」這件事，誰沒說過？誰不是每天都在說；可是，說也奇怪，常常我們說的話並沒有其他的意思，可總是會被人解讀的與原意差上十萬八千里，到時又得哈腰作揖的解說半天，慘喔！

　　所以囉！說話，在我們的生活中是這麼的重要，這麼的不可忽視，但要怎樣才不會說錯話呢？咱們孔老夫子不也說過嗎？「三思而後行，再思可也」，這個「再思」，你們上過國文課，應該都知道，有人說三思後再思，有人解釋說再思即可，不必三思；有道是，說出的話潑出的水，是無法收回的，因此，無論是三思也好，再思也罷，只要想想，如果這句話是別人對你說，你的感覺如何？那麼再從嘴裡說出去，應該就比較不會傷人了！

　　有道是，言為心聲，每個人的心中對真、善、美的比重各自不同，相對的，說出來的話也就會不同，當然，他「說話的藝術」方向也就會不同；因此，有人說：「既然個性免不了殘

缺，說話亦成為一門殘缺的藝術，要突破，那就只有藉著愛來彌補了！」

以下分享，出自天下雜誌425期（2009/07），吳昭怡介紹的「快樂巴士／說五種語言的超級運轉手」故事：

國、台、客、英、日五聲帶，讀《孫子兵法》、把公車當飛機的服務精神，專業運轉手要找回市民對公車的信心。他常即興演出，音調還會隨著心情或窗外景色高低起伏。台北城的大小時事，信手拈來都是他的創作素材。

「下一站，世貿。各位乘客，今天是電腦展最後一天，祝您購物愉快，殺價痛快。」若非那身制服，和握著的公車方向盤，首都客運的駕駛林煜蒼和葉又戩，其實比較像街頭表演者。

「請問有到一〇一嗎？」

「有的！這台車百分之七百載您去。請快上車！我的車絕對不會讓您迷路。我會記得您要去的地方，請放心，」葉又戩俏皮回應，隨即換成英文、日文流暢地覆誦一次，讓車上乘客聽得驚喜連連。

每一天的開始，林煜蒼會變身成乘客們的大鬧鐘和開心果。他每天行駛的信義新幹線，從起點到終點有十幾所學校。快到站時，他會不斷提醒每個學校的學生下車，別因為貪睡而遲到。他還用順口溜介紹沿線捷運站的轉乘資訊，「要到忠孝敦化站的，本站不下車，保證會後悔。」林煜蒼說話帶點台灣國語腔，常逗得車上乘客哈哈大笑。

下午，他變成兼職導遊，用中、英、台、日、客五種語言介紹各站的周邊資訊。商業味濃厚的信義路和光復南路，在他的詮釋下，躍然成為新鮮的觀光勝地。深夜，他是夜歸人的守護者，刻意放慢開車速度，讓人們都能儘量搭上末班車。

在台灣，很少人的兒時志願是當公車司機。他們倆也不例外。

從中正理工學院電機科畢業後，林煜蒼當了十年職業軍

人。至今，他身上的白襯衫總熨燙得平平整整，穿著軍用漆皮鞋，領帶上還別著官拜陸軍少校的紀念徽夾。他隨身攜帶一個透明 L 型夾，裡面裝著五線譜、手抄的英日文例句，還有，《孫子兵法》。林煜蒼分享剛從〈軍爭篇〉讀到的句子，「朝氣銳，晝氣惰，暮氣歸。」這是用來形容隨著作戰時間拉長，軍隊在不同階段的士氣表現。一天近十小時，得坐在不及半坪大的駕駛座上，林煜蒼為何能一直保持「朝氣銳」？

原來，在當公車司機前，林煜蒼看了由木村拓哉主演的日劇《Good Luck》。劇中，木村拓哉飾演的新海元，是一位從小就想當機長的熱血青年。後來他到全日空擔任副機長，憑著正面積極的態度，一關一關地化解危機，贏得乘客尊重。

林煜蒼自我期許，「新海元是天上的機師，我要做陸地的機師。」

於是，從開公車的第一天，他就模仿機長與乘客互動，逐一用國台語廣播站名。調到一○一開免費接駁公車時，同班的老司機用羅馬拼音，教會他幾句服務觀光客的基本日文。老司機薄薄的手稿雖已泛了點黃邊，他仍小心翼翼地收在 L 型夾裡，不時拿出來溫習覆誦。

讓大家有信心回來坐公車，對葉又戩來說，當公車司機是一種無可言喻的使命感。每天開公車，他喜歡從後照鏡觀察乘客的眼神。尤其在早上尖峰時段，一個紅燈沒過，上班族臉上閃過焦急難過的表情，常會讓他思索，「怎麼會這樣呢？」採訪才開頭，他就拿出一本小冊子，翻開總統馬英九在當台北市長時所說的話：「公車之開創，旨在鼓勵減少私人運具使用。」

葉又戩認為，現在還有許多人選擇開車上下班，一定是因為對大眾交通感到不滿意，「我就要讓大家有信心再回來坐公車！」

像個大頑童，喜歡與人互動的葉又戩，把駕駛座當表演

台，放送熱情與活力給每位乘客。去年被調來開信義新幹線後，因為被外籍人士問路答不出來，葉又戩覺得對遠道而來的乘客過意不去，開始四處進修，上網找資料，逢人就請教英日文用法。

「開公車是我一生志業，」葉又戩說。即便多做這些服務，公司沒有加薪，同事之間也未必支持，但他就是想要一直堅持下去。

「我希望做好公車司機的角色，為台北交通盡一份心力，這就是我的夢。」在日本，載人的司機被尊稱為「運轉手」。全心全意緊握著方向盤的手，運轉的豈只是起點到終點的距離，更是美好的生活。

著名的人際關係權威卡內基就曾經說過這麼一段話：「不斷談論自己的人，不但沒有說話的藝術，還深具得罪人的藝術」。看看這段話，你有何看法？「人際關係」這件事情是怎麼一回事？講到這個，坊間、書店裡或是雜誌上大概早就有過各式各樣的原則和道理了，不過請容我再分享一個簡單的原則。在規模稍大的公司工作個幾年之後，我們每一個人都遇到過那種「我們認為彼此是朋友，但他結婚的時候卻沒有通知你」的狀況、也遇到過那種「我覺得我們實在不算有交情，但他結婚的時候卻拿紅色炸彈來到處轟炸」的同事。除非可以拿捏得恰到好處，要不然，我個人會覺得後者比前者還糟糕（至少我認為前者還有機會可以補救），所以我今天要分享的原則是一句非常繞口的話：與其讓別人覺得『我們有這麼熟嗎？』還不如讓別人覺得『拜託，我們哪有這麼生疏』；與其讓別人覺得『你也未免太不客氣了吧！』還不如讓別人覺得『你幹嘛這麼客氣啊！』

為了呼應開頭的那句話，我得在此打住，但，結束前，我建議各位，多看看書、多聽聽別人說話，心中想著，如果換成另一種方式說，會不會更好呢！祝福各位都能成箇中高手！

最近的距離

嶺東科技大學諮商與職涯中心心理師、通識教育中心講師
／溫嬿玫

　　在開始進入內容前，很好奇的想問大家，知不知道我要談的主題呢？主辦單位非常有創意的訂了一個讓我拍案叫絕的題目，叫做「最近的距離」。想一想，記得國中數學課，老師提過兩點間最近的距離是直線，這大概是我對「最近的距離」相關的印象了！如果我們把世界上的每個人想成是天上的點點繁星，那麼人與人之間最近的距離又如何可能呢？

　　「距離」這兩個字在字面上形容的是物理空間的遠近，可是生活中的經驗，卻常常讓我們發現，有時身邊的親人，一點都不了解我們，雖然共同相處在一個屋簷下，卻像是「親密的陌生人」；但是我們也常聽到，有些戀愛中的情侶，在他們提到親密的愛人時，常常會說：我們好像認識了十輩子那麼久！所以當我們從親密的感覺來看時，「最近的距離」又像是超越了時空，兩顆心在心理上很靠近。我們就來談談，如何可以讓「其實你不懂我的心」的情形不再存在，有什麼方法可以讓別人靠近自己，即使與你天涯海角，也有著最近的距離！

　　這樣的秘訣，其實一點都不難，所謂的「江湖一點訣」，說穿了就是對自己情緒的掌握，與同理他人情緒的能力。事實

上，說得更清楚些，後者有賴前者紮實的基本功。也就是說，想要具備同理心，一定要對自身情緒能有某一程度深刻的體會與認識，才有可能推己及人，對他人的情境也同樣感同身受。

舉例來說，不同的情緒有不同的名字，就好像每個人有不同的名字一樣。例如，屬於正向的情緒有快樂、高興、滿足、幸福、得意、興奮、開心、愉快、輕鬆……等；而屬於負向的情緒就有生氣、悲傷、憂鬱、難過、失落、緊張、不安、焦慮、失望……等等。我們常說，要認識一個人最好要能記住他的名字，那麼，同樣的，當我們有情緒出現時，是否大家也都能叫得出那個情緒的名字？還是，舉凡正向的情緒境界，除快樂、高興外，就只有個「爽」字或「high」形容；而舉凡負向的情緒境界，就是「不」字公式：「不高興」「不快樂」或「不爽」？！不論正向或負向的心情，如果我們能夠標示出一個精確的名稱來形容，也就更加能掌握這個情緒的意義，而知道它所帶來的提醒，同時讓我們大大受益。

所以，要掌握情緒，可以在情緒出現的時候，好好的停下來，靜靜的端詳當下的心情是什麼，它是怎麼樣影響了現在的我。當我們開始靜下心來往內看自己，就會發現我們所有的情緒，其實常常並不是只有單一的一個，而常常是像剝洋蔥一樣，一層剝完了還有一層。例如，也許在衝突的當下我們以為自己在生氣，可是仔細的省思自己內心，就會發現可能還伴隨著委屈、不服氣、懊惱……等心情，這些心情也會因為不同的對象，不同的事件而有差別。

一旦我們有能力檢視事件發生後自己不同的情緒，也許就為自己開了一扇窗，讓心情有了釋放的機會，事情的處理也會更加圓融。舉例來說，和妹妹約好了三點鐘在電影院門口碰面，但是她卻遲遲沒有出現，這時候的你，是什麼心情呢？或許剛開始是納悶和疑惑，覺得很奇怪：「明明講好三點，人怎

麼還沒來？」；再等個二十分鐘，於是心裡開始發火、生氣起來。當我們見到遲到的妹妹走來時，如果只有以發洩的方式表達生氣，那麼怒氣沖沖的我們，常常就會氣急敗壞的開罵、數落妹妹一番：「你怎麼這麼不守時」，或者「你怎麼會晚來也不先講一聲，讓我一直等」……，好像她有種種不是，陷自己於受害者的位置。這種以「你」字開頭的責備，除了讓自己更委屈以外，並沒有其他好處；而且，這樣以發洩怒氣為情緒表達的方式，也會讓別人不敢靠近我們，使得親人朋友對自己更疏遠，甚至互相批評與攻擊起來，結果多半是得不償失啊！如果我們在這些時候停下來，也許就會看到其實還有一個感覺叫做擔心：擔心妹妹怎麼了，會不會發生了什麼事呢？如果能進一步省視到這個擔心的感覺，可能原先的生氣怒意便一掃而空，就能夠平心靜氣聯絡妹妹，而不會直接開罵起來。

　　這樣的情緒覺察，除了對自己的情緒管理，有著小兵立大功的效果之外，表達自己所覺察到的真實感受，也常常是化解衝突，增進人際關係的靈丹妙藥。再以剛才的情境舉例，我們可以有不同於發洩怒氣的另一種情緒表達方式：就是以「我」為開頭的自我揭露，對妹妹說：「我等了二十分鐘還沒有看到你，感覺好擔心，不知道你是不是發生了什麼事。」通常對方聽到這樣的回應，不僅不會有回敬三字經的情形，反而常是為了自己的遲到再三道歉，並且不好意思自己讓人擔心，最後多半是圓滿收場。這種以「我」為開頭的表達方式，稱做「我訊息」，重點就在於：（1）不帶價值批判的說明客觀事實，（2）表達在這個事實之下，自己的內在感受，及（3）說明之所以會有這個感受的原因。藉著表達自己的感受，開放自己的內在世界，使別人有可能了解自己，進而增加善意互動的機會。至於遲到與等待間孰對孰錯的爭執，在當下的時間點上，就顯得不那麼重要了。

　　相同的，如果我們對於別人的事件，也願意在指責、批評

或建議之前停下腳步，不加價值判斷的先多去了解，在表示意見前設身處地想想他人的心情，自然就更能理會他人的內心世界、互相體諒。以下是一些促進人與人之間溝通的句子：

「你的感覺是……？」「你的意思是……？」

「這件事給你的感覺是……？」

「我有點搞迷糊了，你可以多說一點嗎？」

「你的想法是……，是這樣嗎？」

「……這是你想說的嗎？」

「請你幫我了解你的意思，因為我有點迷糊了！」

「我是否做了什麼事使你覺得生氣？」

「我可以怎麼做，於是你對我的感覺會有不一樣？」

在別人有情緒的時候，或者與別人發生衝突時，如果能夠先打開心房，在還不熟悉前運用以上的句型，或者以自己習慣的語句，相信可以幫助我們更了解，何以別人會有某些情緒反應和想法，並且因為了解而體諒，因為體諒而拉近距離。

人與人之間的關係又各種不同的面貌，心理上的距離也是親疏有別。有時親如兄弟卻對待如寇讎，也有相敬如賓的夫妻做著同床異夢，但也不乏兄友弟恭或甜蜜白首的家人。朋友也是一樣，有交淺言深、一見如故的好友，也有避之唯恐不及的同伴。好的關係要靠著雙方對這段關係品質的在乎，於是互相體諒與尊重才會發生。我們以上談到的對於情緒的掌握、以「我訊息」分享自己內在的情緒世界，以及對他人情緒想法的探問，其實都表達了對雙方關係的善意，也就是這份善意，使得你我之間最近的距離成為可能。祝福大家，在與人相處的路上，永遠有著直達人心的最近距離！

流動的風景

——跟著音樂、電影與文學一起去旅行

嶺東科技大學通識教育中心講師／林韻文

　　旅行是每個人內心恆常的渴望，不管是不是能脫溢出日常軌道，讓自己旅行他方實踐另一種生活的可能，或者出發上路讓人生在彼與此的過渡點歇息留白，我們心底總期待即使片刻叛逆的逃離慣性定律的節奏，找自己，做自己。村上春樹在《遠方的鼓聲》裡如此形容內心湧動的渴望：

> 有一天早上醒來，側耳傾聽時，忽然覺得好像聽見遠方的大鼓聲。從很遙遠的地方，從很遙遠的時間，傳來那大鼓的聲音。非常微弱。而且在聽著那聲音之間，我開始想無論如何都要去做一次長長的旅行。

心底的騷動具象化成澎湃砰砰～砰～砰～的轟然節奏，清晰有力不容再遲疑推託，你說就上路吧！美麗的風景已開展在眼前，等候你向前迎去。

一、流動的饗宴

　　深刻的旅行是身心的洗禮，讓我們被異質的文化衝擊，移置了部分自我或者更加確信不可動搖的自我成分，對旅行帶來的禮物最動人的說法是海明威於年輕潦倒時和新婚妻子一起在巴黎生活，未成名的他在咖啡館寫作，物質困窮，巴黎的藝術、建築、美人兒、月光……使他心靈富足，並深信不久後春天將會到來。對於這一座古老的美麗城市，他在離開二十餘年後依然眷念，1950年海明威在寫給友人的信裡提到：「如果你夠幸運，在年輕時待過巴黎，那麼巴黎將永遠跟著你，因為巴黎是一席流動的饗宴。」這大概是行銷巴黎最動人的說辭了，行走巴黎時所見的城市線條、色彩、香氣、聲響交揉醞釀成一席華美盛宴，不止息的哺餵於現實中日漸困窮的心靈。旅行如此華美誘人，可憾的是我們大部分的人不是流浪的藝術家，無法說走就走。我們有工作、家庭、上課……這些甜蜜的負荷要承擔，多數的時間只能等待這辛勤之後甜美的果實。

　　對於暫時無法跟隨心中神秘鼓聲出走的我們，有另一種想像的旅行。既然身心敞開感受風景的深刻旅行者帶著流動的饗宴回來，他們之中許多人擁有秀異的才華得以再現風景，且不只是寫實的再製，而是融匯了心情的溫度與敏銳的觀察洞見，所見不同於旅遊導覽手冊的如實客觀，也許偏離正題、主觀隨興、感性氾濫等等，卻正因其個人的風格化呈現讓我們得以透過一雙雙旅人的眼睛，折射變換、流動、無法拘限的異地風光。或者在地的創作者，以土地為沃壤，將他們日日吐息其中，生活的喜怒哀樂寫入作品，呈現出比紀實更真實的洞徹，土地的靈魂。

二、音樂的羽翼

　　法國第一夫人卡拉布妮Carla Bruni輕語呢喃的歌聲，流蕩了對巴黎這地方愛與美的想像，隨著輕揚飛翔的節奏，讓人不禁想跟著音樂擁著愛人走過塞納河畔，輕哼著：「因為我戀愛了，是啊！我戀愛了。我手握世上唯一珍貴之事。」〈戀愛中的女人〉。從小生長在西藏山裡，跟著父親牧羊的央金拉姆，〈遙遠的呼喚〉歌聲如迴盪在遼闊的山野，梵音的旋律，吟唱著對遠方家鄉的思念，打開音樂讓人彷彿置身在藏地風光純淨的天空湖泊、青色的草原、神聖的廟宇。

三、影像的城市

　　香港電影所呈現的中環、旺角、銅鑼灣、尖沙咀等背景是許多觀眾所熟悉的，在陳果榴槤飄飄中東北女孩阿燕到香港賣肉淘金，除了一間間不知名的小旅館房間，沒有機會看見維多利亞港金燦奪目的夜景，穿梭在旺角舊樓的夾縫巷弄，不工作時阿燕在租屋處的後巷認識也是偷渡來港的小芳，在繁華都市的黑暗後巷點著夢想的微弱火光，片中的旺角是屬於小市民汲汲營生的擾攘熱土。張婉婷創作於九七大限前的玻璃之城，影片交織著舊日愛情的美好時光並隱喻香港殖民身世，男女主角青春的愛情萌芽於香港大學，英式菁英教育的校園，男主角港生因參加保釣的政治運動使人生履歷有了污點只得遠走異國，兩人的感情因空間阻隔產生裂痕，多年後再次相逢各有家室的昔日戀人，在Try to remember輕柔歌聲裡緬懷一去不復返的美好時光，兩人相約至倫敦跨年迎接九七的燦爛煙火，來不及看到新年的到來在奔赴盛會的路上車禍身亡，是年七月一日香港的

回歸慶典中，其兒女將骨灰伴隨著歡慶的焰火投擲入天際，屬於兩人舊日的美好情懷也隨著新時代的來臨宣告終結。

四、詩的景框

　　渡也〈嘉義速寫・阿里山北門驛〉以童趣的口吻敘述到阿里山旅行跳躍的心情：「車廂好小，鐵軌好小，蒸汽車頭好小，而旅客的心很大，夢很大，兩千六百多公尺高，小火車載著一大堆嘴巴，去給山產吃，載著一大堆眼睛，去給風景看，載著一大堆腳，去給阿里山爬。」。誦朗著短句韻律的節奏，彷彿又再一次坐著小火車攀著山壁迴旋上山，熱帶、溫帶漸次攀高的海拔使雀躍更高昂，期待著山產吃嘴巴、風景看眼睛還有還有腳去給祝山日出爬，小火車裡滿載歡樂的心情，還有各種語言發出的美麗讚嘆聲，鮮活地傳達去阿里山旅行的雀躍。收錄在《旅行台灣》一書的小野〈海星的故鄉〉一文記述三代同行的澎湖遊記，澎湖在作者的記憶停留在大學時前往生物調查，黃昏前等待海星到來一片寧靜和平的沙灘的片刻，「我記得那個畫面。我希望我的人生可以永遠這樣充滿了驚奇。」畢業後小野懷抱著夢想在媒體發聲挑戰體制，一次次衝撞現實，漸漸感到理想破滅的疲累，許多事發生的十四年後「那一刻我忽然想起了海星，想起了澎湖馬公的西衛沙灘，那是我的青春我的夢。於是我請了幾天假，帶著從來沒搭過飛機的父母親和家人重返澎湖，想再看看天空和海水一樣的藍，藍得透明藍得純淨的西衛沙灘，看看會不會再遇到海星，在我的生命裏那就是海星的故鄉。」，在西衛沙灘上早已看不到群聚的海星了，但開心的父親得意地向認出小野的旅客問：「要不要和我兒子一起拍張照片作紀念呀？」兒女快樂的在純白的沙灘上撿貝殼，海灘依然再一次給人驚奇的永恆片刻，濃蜜的親情織入藍

與白的永恆鏡頭。

　　由本土到異國被創作者深情之眼凝視過的風景，由固止的物質空間轉化為流動的情感空間，透過他們的再現，我們不僅認識了地方疊翠的山巒、蔚藍的海岸、街里巷弄、擎天巨廈，我們還感受到了生活於其間人們的悲歡與離合，城市獨有的氣息，一切不再只是浮光掠影，遠方跳躍地向我們招手呼喚，等待我們親臨，將自己也寫入流動的盛宴中。

再窮也要去旅行
——兼談自助旅行應有之準備

嶺東科技大學觀光系助理教授／謝永茂

　　旅行，是人類夢想的延伸，也是人生中一場豐富的饗宴；因此，每個人的心中，都會有一個旅行的夢，對於「環遊世界」更充滿了期待。但是，也有許多人終其一生，都懷抱著這個夢想，卻始終未曾踏出家園一步；因為，「等我存夠錢，我要去環遊世界。」然而，錢，卻始終存不夠。

　　出門旅行，當然是要花上一筆旅費，惟旅費的多、寡，其實，是可以由自己來決定。現代的人，在旅行社提供的專業服務環境中，習慣了舒適而方便的安排，從個人的旅行證照、乃至於旅行、食宿、行程的內容，大多交由旅行社打理，以旅行團的形式出遊，沿途並有訓練有素的領隊、導遊隨行照料，而如此舒適的「旅行」，就只剩下風花雪月、吃喝玩樂而已。然而，旅行的意義就僅是如此而已嗎？

　　在古英語中，「travel」這個字，是與辛勞工作「travail」同源，所以，「旅行」在古代原有「辛勞、勞苦」之意涵。大約在十五世紀時期的英國貴族，開始競相將家中少年送往歐洲大陸，在家庭教師的陪伴下週遊列國，藉此訓練年青人冒險犯難、獨立

自主的精神，同時希望透過旅行達到增廣見聞的學習效果，時人將這股風氣稱為「大旅遊 Grand Tour」，並且成為近代旅遊的濫觴。當代詩人席慕蓉則對「旅行」有一段精彩的詮釋：「旅行的意義，在脫離日常生活的軌道，在撤除界線，在放鬆自我，在嬉遊中的觀察與反省。」〈祝福〉因此，旅遊並非風花雪月、吃喝玩樂而已，其實是一段精神與肉體的鍛鍊；在旅行的過程中，人們將有機會體認這個繁複多變的生命與世界。

　　觀光系的十位同學們，曾經於2008年5月進行一場大膽的嘗試，即：不花錢到墾丁一遊。他們三三兩兩一組，隨機以搭便車的方式解決「交通」的問題；以自備的乾糧或沿途親友、善心人士的濟助、或索性餓上一兩餐的方式，克服「食」的問題。至於「住宿」，有借宿國小走廊者，有借宿消防隊車庫者，更有在公用電話亭窩眠到天亮的經驗。二天後（甚至有欲罷不能，而連玩三天的小組），大家興高采烈的返抵學校報到，真的完成了「不花錢」的挑戰。同學們興奮的敘述著沿途的奇遇、與承受台灣濃濃的人情相助的經過；這趟小小的挑戰之旅，甚至躍上了當時媒體新聞，成為一時爭相報導的事蹟。最重要的是：這趟旅行，讓大家體驗了「吃苦耐勞」的堅毅精神，學習嘗試以各種方法去解決困境的智慧；而來自四面八方陌生人的熱情與關照，從此，他們更樂於幫助有需要的人，旅行讓這群年青人學會了「感恩」這門功課。因此，我要說：「旅行」其實是一段自我學習、自我成長的過程；旅行大計的成敗，與旅費的多寡並無全然的關聯，再窮也可以去旅行。

一、證照篇

　　談到旅行，尤其是出國旅行，首要的就是合法的旅行文件。這包括了「護照」與「簽證」。

　　護照，指中華民國國民在國外旅行所使用之國籍身分證明文件。普通護照之有效期間：一般民眾（14歲以上）：10年，孩童（未滿14歲）：5年，（男子於年滿14歲之日起，至年滿15歲當年之12月31日前申請護照者，核給效期5年以下之護照）；役齡男子（未服兵役者、16～36歲者）：3年。

　　護照遺失時之處理方式：於國內遺失時：需立即持身分證明文件親自向遺失地或戶籍地警察局分局刑事組報案，之後提具警察機關核發的護照遺失作廢申報表，及申請護照應備文件，向外交部領事事務局或外交部各辦事處申請補發。於國外遺失時：需提具當地警察機關遺失報案證明文件，及其他申請護照應備文件，向鄰近我駐外館處申請補發。如當地警察機關尚未發給或不發給者，得以遺失護照說明書代替（護照條例施行細則第38條）。由於前面所說的程序，往往必須經過約一週的時間，等候大使館與外交部間往復查核，如不及等候駐外館處補發護照者，可以請駐外館處發給當事人「入國證明書」，以供持憑返國（護照條例施行細則第40條），不過，這份「入國證明書」只能讓當事人返國之用，不能繼續前往他國旅行。在大陸地區遺失護照，入境後申請補發者，應先向警察機關取得遺失報案證明文件，並加附入境證副本。所持護照如被他人非法扣留，且有事實足認為已無法追索取回者，可以向主管機關或駐外館處申請註銷該護照（護照條例第19條），並重新申請護照。

　　簽證，在意義上為一國之入境許可。依國際法一般原則，國家並無准許外國人入境之義務。各國政府為了對來訪之外國人士能先進行審核、過濾，確保入境者皆屬善意，所持證照真

實有效，且不致在當地犯罪或滯居不歸，成為當地社會之負擔，因此有簽證制度之實施。而簽證之准許或拒絕，都是國家主權行使的行為，故各國政府有權拒絕透露拒發簽證之原因。

簽證的種類有「移民」與「非移民」兩種，一般觀光、商務、留學、工作、打工渡假等都屬於「非移民」簽證。簽證發給之方式有：簽證（簽蓋於護照空白頁、貼紙、單行本）、落地簽證、免簽證等，各國家依邦交及互惠原則，採取不同的方式發給。

二、出發篇

萬事俱備，前往國際機場準備出發了，請先確認正確的機場（有的城市如紐約、東京、上海等，有二個以上的國際機場）與櫃檯（有的機場有二棟以上的場站大樓，請確認將搭乘的航空公司辦理櫃檯所在位置）。必須於班機起飛二小時前抵達辦理手續，以便應付接下來的排隊及檢查程序。櫃檯報到手續包含辦理登機證（取得登機卡BOARDING PASS）及託運行李（歐亞澳地區旅客託運行李每人以20公斤為限，美加地區旅客託運行李每人以二件為限，每件限重２４公斤）。隨身帶上飛機的行李，相關限制為：長56cm、寬36cm、高23cm、重7kg。完成手續後，準備進行機場出境通關程序：

1.機場管制區：檢查出境文件（護照、登機卡）。

2.移民局IMMIGRATION：填寫入出境卡、查驗證照。

3.安全檢查 SECURITY CHECK：檢查旅客隨身行李。

4.免稅區TAX FREE設在檢查區之後。

5.登機門（候機室）BOARDING GATE。

6.登機：起飛前20分鐘登機。

（登機證）

三、抵達篇

當班機平安抵達目的地之後，您將面對一連串的入境通關
程序：

1. 抵達：班機可能停靠機坪（安排接駁專車接送至場站大
   樓）或空橋。
2. 移民局 IMMIGRATION：填寫入出境卡、查驗證照。
3. 提領行李：前往託運行李轉盤 BAGGAGE CLAIM提領託
   運行李。
4. 檢疫 QUARANTINE：管制物品或疾病防治。填寫健康
   申告書及紅外線偵測。
5. 海關 CUSTOMS：行李查驗（紅線走道代表所攜物品須
   申報，或不清楚是否應申報；綠線走道代表自認所攜物
   品皆合於規範毋需申報。）
6. 入境大廳：通過層層手續，快樂的展開旅程。

四、保險篇

俗話說：「行船走馬三分險」，出國旅遊投保旅行平安險，更是一件重要的事。一般的保險大致包括下列幾種：

1. 旅遊平安險：主要在投保者於旅遊途中，如因意外事故而導致死亡或殘廢時，可以獲得理賠。
2. 意外傷害醫療險：針對投保者在意外事故中導致的傷害，而需要的醫療費用理賠。
3. 海外突發疾病醫療險：對於投保者在海外的突發疾病事故的醫療費用理賠。
4. 海外急難救助險SOS（海外救援卡）：包括電話醫療諮詢、推薦醫療院所、安排住院、代墊醫療費用及保證金、安排緊急醫療轉送、安排遺體運送返國等費用的理賠。

要注意的是：所謂「意外傷害事故」指非由疾病引起之外來突發事故（安達保險公司旅行平安保險契約第二條第二款）。當然，理賠的金額與保額相關，而保額也關係著應繳納的保險費高低，所以應由投保者自行評估選擇。此外，旅遊平安險通常會有「除外責任」及「不保事項」，意思是：如因旅途中從事這些行為，所發生的意外事故是不負責理賠的。通常，所謂「除外責任」（安達保險公司旅行平安保險契約第八條）包括：

1. 要保人、被保險人的故意行為。
2. 被保險人犯罪行為。
3. 被保險人飲酒後駕（騎）車，其吐氣或血液所含酒精成份超過道路交通法令規定標準者。
4. 戰爭（不論宣戰與否）、內亂及其他類似的武裝變亂。但契約另有約定者不在此限。
5. 非以乘客身份搭乘航空器具或搭乘非經當地政府登記許可之民用飛行客機者。但契約另有約定者，不在此限。
6. 因原子或核子能裝置所引起的爆炸、灼熱、輻射或污染。

　　至於「不保事項」（安達保險公司旅行平安保險契約第九條）通常包括：

1. 被保險人從事角力、摔跤、柔道、空手道、跆拳道、馬術、拳擊、特技表演等的競賽或表演。
2. 被保險人從事汽車、機車及自由車等的競賽或表演。

五、旅伴篇

　　日本有一種流行現象－成田離婚事件，曾引起廣泛的討論。大意是許多剛結婚，興高采烈的去海外蜜月旅行的新人，卻在旅行結束返抵成田機場時，竟以宣告離婚收場。因為在旅

行途中，另一半在追求階段從未顯現出的負面缺點，包括生活習慣、個性品格、遇事處理的智慧、及人生態度等，都一一赤裸的呈現出來，使得新郎（或新娘）恍然大悟，於是，旅行結束，也就是兩人關係結束之時。

因此，要認識一個人，最好跟他一起去旅行，你將有機會觀察到他不為人知的一面，也將影響你這趟旅程的心情與收穫，這也說明了「旅伴」的重要性。至於我的旅伴呢？理想條件如下：

1.隨遇而安，不堅持己見。

2.樂天知命，因為旅行處處有驚奇。

3.不小氣，當用不省，當省不用。

六、行程篇

自助旅行，最有趣的部份應該就是行程安排的部份，一切都要自己來。常然也可以將自己感興趣的旅遊景點，或慕名已久的美食、藝術、工藝等設法引進行程表中。旅行者可以多方蒐集相關資訊、地圖，參考旅行社的行程或背包客網站的討論，以便安排合理的行程。由於自助旅行不像旅行團出門就有專車接送的方便，因此在距離、交通時間的估算上，必須以寬鬆的時程來考量，並且留有走錯路、搭錯車的可能，不要把時間排的太緊湊。

預算的規畫，主要的開支通常包括以下：

（一）機票

通常是旅費的最主要開支，因此尋找便宜的機票，往往可以省下一大筆經費。機票的價格一般會與下列因素有關：

1. 「省時間」與「省金錢」，二者只能選其一，直飛的班機較轉機的班機貴。
2. 使用限制愈多，價格愈便宜。限制使用效期、指定航班等是常見的條件。
3. 湊團體票。與旅行團共同購票，享受團體優惠，但必須受到「團進團出」的限制，不能自由訂定日期。
4. 廉價航空。起降時間不理想，沒有殷勤的服務，便宜是唯一的誘因。

（二）膳宿交通

關於旅途中的膳宿，建議可以把握以下的原則：
1. 絕對不豪華－旅館以乾淨、安全、舒適為原則。
2. 絕對不貪小便宜，環境的治安、消防設備等要考量。（價格不是唯一考量）
3. 連鎖快捷旅館。近年來興起中級旅館也是很好的參考。
4. 青年之家。較適合背包客，大多有年齡（卅五歲）限制。
5. B&B。只供應一張床位及簡單早餐，有可能是大通舖的房型。
6. 膳食：在衛生的前提下，嚐試不同風味的小吃，可以體會當令季節的農特產、體驗當地人們的生活方式與飲食文化。
7. 交通：盡量搭乘公共交通工具，同時練好腳力，以備不時之需；學習辨識地圖與方位。此外，參加當地的LOCAL TOUR也是好方法，有些由旅遊服務中心舉辦的TOUR甚至是免費的。必要時，計程車也是最好的幫手，只是價格相對來說昂貴許多。此外，對於陌生人的好意，最好有所保留。

（三）雜支及備用金，以應付沿路的門票等開銷與應
　　急所需

七、行囊篇

　　自助旅行必須獨力背負所有的家當，搭乘公共交通工具或
徒步行走，因此不適合攜帶太多的行李，以免花費過多的心力
在注意、安頓行囊這件事上。最好就是一只堅固耐用的背包，
選擇多層的口袋放置不同類別的物品，如背部有透氣軟墊更
佳，方便長時間背負而不致於一汗流夾背而濕熱。整理行囊的
建議如下：

1. 不要每天換衣服。選擇透氣快乾的排汗衫，利用夜間清
   洗晾乾。
2. 涼鞋最好。適合晴、雨的天候及各種環境，更省了襪子
   的負擔。
3. 不要買很多紀念品。增加重量，且往往淪為角落垃圾。
4. 隨時汰換行囊內容，丟棄一些非必要的物品，以免佔用
   空間。
5. 背在後面口袋的東西是掉了也不心疼的物品，應該也是
   小偷看不上的東西。
6. 可攜帶一些常備藥品、雨衣、帽子、太陽眼鏡。

　　此外，建議攜帶的物品包括：萬國充電器、備用電池、求
救電話簿、免費面紙包、有尖銳聲響的警報器、水壺或礦泉水
瓶。釣魚裝背心也是一個增加容量的好方法。

八、安全篇

出門在外，由於人地生疏，又或者因為心情興奮，特別容易成為有心人下手的目標，因此，「防人之心不可無」。以下為在旅行途中容易發生意外事故的危險區域與狀況：

1. 機場、車站、港口。人潮熙攘，眾聲喧嘩，正是歹徒下手的好地方。
2. 飯店大廳。通常因為放下行李，辦理手續或交涉，而無意中遭扒竊。
3. 不能隨便讓外人進入房間，有歹徒以同鄉口音為由騙開房門洗劫的案例。
4. 對女人、小孩亦不可掉以輕心。
5. 不要隨便接受陌生人的邀約或食物、飲料。
6. 留意拉客推銷者。
7. 不接受陌生人盤查，如有必要，可請制服員警出面證實。

有一首很優美的老歌是照樣唱的：（阮若打開心內的門．王昶雄）

阮若打開心內的門
就會看見五彩的春光
雖然春天無久長
總會暫時消阮滿腹辛酸
春光春光今何在
望你永遠在阮心內
阮若打開心內的門
就會看見五彩的春光

　　旅行，正如這首歌一樣，可以讓您打開眼界，為人生帶來許多豔麗的色彩，更可能為心靈、智慧帶來改變與增長，所以，期待大家一起藉由旅行，打開心裏的門窗，迎向世界，沾染五彩的春光。

鄭和下西洋

嶺東科技大學通識教育中心助理教授／羅仕杰

一、鄭和在世界航海史上的地位

在西洋史上有所謂的「地理大發現」時代，「地理大發現」大概是十五世紀中期開始。鄭和第一次下西洋的時間是在1405年，最後一次是在1433年，延續了將近三十年的時間。到了1488年，在他結束最後一次航行五十五年後，葡萄牙人迪亞士才發現非洲南端的好望角，開啟了由歐洲到東方的新航線。

1492年，哥倫布發現美洲。1498年，葡萄牙人達伽馬才發現了從歐洲到印度的航路。印度是鄭和下西洋的時候非常重要的地點，鄭和當時主船隊以印度西南岸的港口做為休息駐紮的地點。當1498年葡萄牙人達伽馬到達印度時，比起鄭和首次出航已經晚了九十三年。

二、鄭和的家世及其發跡

鄭和1371年生於雲南昆陽。本姓馬，小字三保，也作「寶」。回族，其先祖西域人，元初移居雲南。他的父、祖輩都信奉伊斯蘭教，曾經從海路到過回教聖地麥加朝聖。他的

小字「三保」，可能和鄭和穆斯林的教名「三寶奴」（Abdul Sabbur）有關，三寶奴之意為「真主之僕」，一般民間稱他「三保太監」或「三寶太監」，即緣此而來。鄭和日後雖然受到和尚道衍（即姚廣孝）的召引，接受菩薩戒，成為了佛門弟子，但似乎並未完全棄絕伊斯蘭信仰。

1383年，父馬哈只去世，明軍克復雲南，鄭和被俘慘遭去勢。1384年入北京燕王府。《明史·鄭和傳》提及鄭和的才智容貌：「自幼有才智，豐軀偉貌，博辯機敏，謙恭謹密」，和一般宦官的形象，有很大的不同。

在1399-1402年的戰役中（史稱「靖難」），鄭和隨燕王軍隊作戰，建立軍功，得到繼位為帝的明成祖（朱棣）的賞識，賜姓鄭。

三、為什麼下西洋？

根據目前學者的推測，明成祖派鄭和下西洋的原因大概不外乎以下三點：

1. 尋找建文帝。
2. 爭奪海權、擴大對外貿易、爭取外邦友誼。
3. 建立朝貢貿易，招撫番國。

在以上三點中，尤其以尋找下落不明的建文帝，最為民間傳頌。至於為什麼是鄭和呢？推測可能是鄭和從小受到長輩耳提面命，粗略對印度和阿拉伯的風土人情，有所認識。成祖朱棣登位後，想聯絡西洋各國，宣揚國威，發展貿易，順便打聽一下建文帝的下落，鄭和又是深受信任的太監，因此成為明成祖派往海外的最佳人選。

四、七次下西洋的範圍

鄭和下西洋究竟去過哪些地方呢？根據《天妃靈應之記碑》的記載：「自永樂三年，奉使西洋，迨今七鎰，所曆番國，由占城國、爪哇國、三佛齊國、暹羅國、直逾南天竺、錫蘭山國、古里國、柯枝國、抵于西域忽魯謨斯國、阿丹國、木骨都束國，大小凡三十餘國。涉淪溟十萬餘里。」鄭和前三次下西洋主要到達今東南亞的越南、柬埔寨、菲律賓、印尼、新加坡、馬來西亞、泰國、緬甸及南亞的印度等國沿海地區。第四至第七次最遠航行到非洲東海岸。

五、鄭和艦隊規模

鄭和下西洋的艦隊規模有多大呢？根據《明史・鄭和傳》：「將士卒二萬七千八百餘人，多齎金幣。造大舶，修四十四丈、廣十八丈者六十二。」換算成公制寶船（大舶）約合長138米、寬56米，推算可載重量約1500噸，可容千人，這樣的船隻興建了六十二艘。除寶船外，鄭和的艦隊據考證還包括了水船、糧船、戰船、坐船、馬船⋯⋯等不同功能的船隻，隨行人員多達二萬七千餘人，船隻兩百餘艘。哥倫布1492年發現美洲時，率領的船隻僅有三艘，每艘長35米，約為鄭和寶船長度的四分之一，隨行人員約八十餘人。

鄭和艦隊每船自帶淡水，水船是緊急時備用。馬船中上豢養牲畜，提供肉食。糧船除了糧食以外，尚攜帶黃豆、綠豆，以培養豆芽菜解決船上缺乏菜類食物所引發的敗血症（缺乏維他命C）。此外，船上編組有醫官診療，沿岸如占城、麻六甲、古里（印度）、忽魯模斯（波斯）建立基地作為補給站、交易所。

六、鄭和艦隊的導航與航海圖

鄭和的艦隊除了利用根據羅盤指針方位而訂定的「針路圖」外，還使用了「牽星板」，其原理相當於今日的「六分儀」，透過每個木板的高度（指數），測量如北極星、織女星、北斗星等，觀察現在所處的緯度高低。「過洋牽星圖」，據明‧毛元儀《武備志》的記載，其使用之法為：「惟觀日躍升墜，以辨東西，星斗高低，度量遠近」、「遷星為準，所實無差」。

此外，明‧毛元儀《武備志》240卷還收錄了原名「自寶船廠開船從龍江關出水直抵外國諸番圖」的航海圖，根據鄭和下西洋的經驗累積整理而成。自右而左，有圖20頁，共40幅，最後附「過洋牽星圖」兩幅。其特點如下：圖幅呈一字排列展開、採「實景對照」的畫法、對淺沙、礁石和港口、海島等航海用的地物要素與居民地、山地等描繪甚細。其所記亞非諸國地名約300個，比元代汪大淵的《島夷志略》多出了兩倍。

七、鄭和對南洋華僑的影響

促進當時對海外各國情況的了解，激起向海外貿易與移民的興趣，並且對南洋一帶的華僑提供了充分的保護。至此，福建、廣東一帶的居民向南洋移民的人數逐漸增多，奠定華僑在南洋發展的深厚基礎，對當地的經濟文化開發貢獻很大。目前南洋一帶可見與鄭和有關的文化遺跡包括：

1. 泰國三寶公廟「三寶佛公、三保佛祖」。
2. 馬來西亞麻六甲州三寶山下的鄭和石像及「文化博物館」。
3. 印尼爪哇三寶攏（「三寶攏」之名來自鄭和），其中以大覺寺三保大人神像及三保宮最為著名。

八、鄭和死於何處？葬於何處？

鄭和死於明宣德八年（1433年）第七次下西洋途中（於印度古里國），享年65歲。其遺體未能運回中國，僅將一束頭髮及衣物運回在南京南郊牛首山以衣冠塚葬之。

九、鄭和下西洋史料

明憲宗時，劉大夏官任車駕郎中，焚毀（一說藏匿）鄭和下西洋檔案。因史料殘缺，《明史‧鄭和傳》十分簡略，僅九百餘字。

目前鄭和遺留的史料，除前述收於明‧毛元儀《武備志》之航海圖外，在鄭和第七次下西洋之前，以正使太監的身份豎立之「天妃靈應之記」碑，碑文1177字，其中回顧了前六次下西洋的主要經歷，艱難險阻，將下西洋的功績歸功於天妃的庇佑。除此之外，隨行人員也留下了一些重要的航海資料。例如曾參加第三、五、七次航海的通事、會稽人馬歡，著有《瀛涯勝覽》；曾參加第二、三、四、七次航海的太倉人費信，著有《星槎勝覽》；最後一次遠航時的幕僚，應天人鞏珍，著有《西洋番國志》，都是目前研究鄭和下西洋的重要史料。

明代中期以後，祝允明《前聞記》、黃省曾《西洋朝貢典錄》、錢穀《吳都文粹續集》、嚴從簡《殊域周咨錄》等書雖然不是第一手著作，但因距離鄭和的時代不遠，仍有參考的價值。

漫步櫻花下
——「黃金週」與「五月病」

嶺東科技大學通識教育中心講師／吳秉珊

　　稍微對日本文化有些許了解的人，應該都聽過「黃金週」。但，聽過「五月病」這個名詞嗎？「五月病」可不是一般認定的什麼內外科疾病，它指的是一種近似憂鬱症的精神狀態。百花盛開的五月裡，能發生什麼令人精神狀態不佳的事嗎？這倒是個有趣的議題。又，「黃金週」與「五月病」中間有什麼關聯性嗎？讓我們一起來看看吧！

一、概說

　　日本在四月底到五月初放連假，時間約以四月廿九日（昭和節）到五月五日（兒童節）這段期間為主。這段時間，日本人稱為ゴールデンウィーク（Golden Week），中文叫做黃金週，在日本通常直接是以該外來語稱之，也有比較傳統的說法叫做「黃金週間」（おうごんしゅうかん），亦常在報章或討論中，看到簡寫為：「ＧＷ」。這段期間，如果再加上假期前後的週六、週日，放假期間還會再拉長。

由於假期時間較長，這可謂日本的一大盛事，亦可媲美過年和暑假。所以很多人利用這段期間會到全國各地或海外旅遊，整體感覺很優閒。不知道是不是因為放假過得太悠哉，黃金週結束後，常會看到一種被稱為「五月病」的心理症狀。

另一方面，四月間對新環境有所期待而幹勁十足，但如果不能適應環境，有的人常會出現類似憂鬱症的症狀。由於此種症狀大多在五月連續假期結束後出現，因而得名。

「五月病」常見於公司新人或是大學新鮮人，是一種因為不能適應新環境，往往在不知不覺間把自己封閉起來的「心理低潮」而引發的精神症狀的總稱。

我們不妨來看看以下有趣的各項分析！

二、發生的主因

根據日本人的自我歸納「五月病」的發生原因，約有以下六點：1.從考試的緊張中解脫。2.對大學生活失望（例如：跟自己原先想像的大學生活的印象，相去甚遠）。3.達成目標，看不到下一個目標而亂了方寸。4.接觸到實際情況後，原先的滿懷期待頓時消逝，失望之餘，衝勁全無。5.對於新環境適應不佳、以及無法輕鬆自在地在新環境中營造新的人際關係。6.對於工作或唸書學習，感到是種沉重壓力。

三、發病症狀

如果在這段期間內以下症狀，即有可能有「五月病」的癥兆：1.失眠。2.頭痛。3.頭暈。4.沒有食慾。5.對任何事幾乎

沒有鬥志。6.身體不舒服。7.全身沒力氣。8.臉上幾乎沒有表情。

四、性格種類

日本人發現具有以下四種性格的人，就容易有「五月病」的傾向：1.認真、一絲不苟。2.凡事講求完美。3.固執、作事較無柔軟性。4.個性內向、較孤立、常獨來獨往。

看來個性較為嚴謹、一板一眼的人，較易罹患「五月病」呢！為了身體健康，還是建議大家在能放寬心的地方，盡量放寬心看世界，或許世界會和以往變得比較不一樣，但不完美的世界仍一樣可愛呀！

五、發病預防

為預防上述心理精神狀態的發生，建議盡量保持身心愉悅、凡事放寬心，多和其他人聊聊，抒發心裡的壓力與牢騷、或接受他人的輔導與建議，相信很快就可以重拾往日歡樂喔！

六、「黃金週」的連續假期

如前所述，黃金週的假期（指日本在每年四月廿九日至五月五日前後的這段時間）裡，包含了四個國定假日，有時加上週六與週日，有些公司可以連續休假一個星期以上。

這期間的四個日本國定假日，為：昭和之日（四月廿九日）、憲法記念日（五月三日）、綠之日（五月四日）、子供

之日（五月五日），茲將各節日略介紹如下：

1.四月廿九日：昭和之日（しょうわのひ）

原本這一天是昭和天皇的生辰，一般稱為天長節，不過在第二次世界大戰結束後就改稱為「天皇誕生日」，而成一般的國定假日。昭和天皇在一九八八年過世之後，改稱為「綠之日（綠の日、みどりのひ）」，一樣是國定假日。

而原本的天皇誕生日就改為平成天皇的生日十二月廿三日。二〇〇七年開始，「綠之日」改到五月四日，而這一天就變更為昭和之日。

2.五月三日：憲法記念日（けんぽうきねんび）

這是為了紀念一九四七年五月三日正式在日本施行憲法之日，在一九四八年改定祝日法後，公佈後實施。

3.五月四日：綠の日（みどりのひ）

在日本，每年的四月底至五月初有一個ゴールデンウィーク（黃金週連續假期）。據說原本此假期並非連休，而是由四月廿九日「綠の日」（原昭和天皇誕生日，現為環境之日）、五月三日憲法記念日、五月五日子供の日（男生兒童節）等假期組成，一般日本人稱這種空著一天的休日為「飛石連休」（とびいしれんきゅう、間隔休假之意）。後來才將這些休假串連，成為今日的ゴールデンウィーク連續假期。從二〇〇七起，將原先四月廿九日的「綠の日」移到這一天。

以往如果這一天不是週日或是週一的話，是稱為國民的休日（国民の休日）。國民的休日，一般是指前後都是放假，中間空著一天時就是國民的休日。

4.五月五日：子供之日（こどものひ）

　　這是一般說的「兒童節」、亦稱「男兒節」。在一九四八年改定祝日法後公佈後實施的國定假日。其實在大正時代的時候，這一天就有一些團體當作是「兒童保護日」，當時經過向國會請願之後，正式制定了這個日本兒童節。

　　五月五日男兒童節，在日本兒童節有男（五月）、女（三月），分開慶祝，在五月五日的男童節裡，可見到處飄揚在室中的鯉魚飄（鯉幟、こいのぼり），由小排至大，隨風飄揚好不壯觀，象徵家中男兒也能「鯉魚躍龍門」。

　　除此之外，也有的家庭會在家中擺設日本武士的冑甲裝飾（大多是戰國時期著名武將的徽飾），金光閃閃，十分華麗。

　　其實在這些假日之間，還有跟其他許多國家一樣的「勞動節」（五月一日），一般稱之為メーデー（May Day）。原本日本也有意將這天也當作國定節日，如果真的實現了，如同前段敘述中提及，這就變成名副其實的「飛石連休」。依照規定前後都是假日時，中間的日子就自動變成國民的休日，加上補假，連休日期就肯定最少有八天到十天，根據計算如此一來，將可增加數百億日圓的經濟效益。

　　但是因為原本每年的十一月廿三日就有個「勤勞感謝之日」（きんろうかんしゃのひ），所以至今都還未能將這天定為節日。不過，實際上卻有許多公司行號在這天也會自行放假。

　　儘管各公司、學校的ゴールデンウィーク長短並不一致，但已成為一特定的連續假期，延續至今。

七、相關新聞

日本「黃金假期週」，逾七千萬日人國內旅遊

中央社記者張芳明東京5日專電　2009/05/05

四月底至五月初是日本一年一度的「黃金假期週」。日本警方估計，前往全國觀光景點旅遊和參加各地慶祝活動的日本民眾將超過七千萬人。

日本從5月2日起連休假五天，是黃金假期週的高峰期，有些公司行號從四月下旬就開始放長假，由於景氣衰退和訂單減少，製造業的假期最長多達十六天。

警察廳預估，四月廿五日至五月六日期間，前往全國各地觀光景點旅遊和參加各地節慶活動的民眾將超過七千萬人。

黃金假期週期間吸引百萬人以上遊客的節慶活動包括：青森縣的「弘前櫻花祭」、福岡的「博多港灣祭」和「廣島花祭」等，日本出動約三萬七千名警力在全國超過一千一百個人潮踴擠的地方維持治安。

橫濱市為慶祝開港一百五十週年紀念，四月廿八日起開始長達一百五十三天的慶祝表演活動，並預定五月卅一日舉行開港慶祝儀式。預期近半年的慶祝活動將吸引五百萬名遊客。

由於日圓兌美元價位的升高，加上飛機燃料費的大幅調降，利用黃金假期週出國旅遊的日本民眾比去年增加。成田國際機場公司預估，四月廿四日至五月七日由成田出入境人數將達到約九十六萬四千名，比去年同期多了4%。面對H1N1新型流感的威脅，出入境人數可望比預估的減少。

但是，除了前往墨西哥和美國為主的觀光客有部份取消旅遊計畫外，其他的海外地區大致如常，減少人數有限。基於警戒的心理，許多日人戴著口罩出國觀光成為今年的一大特色。

　　日本已發生數起疑似感染新型流感的案例，但經檢查後都排除了可能性。成田國際機場指出，明天將是日本民眾結束國外旅遊返國人潮的高峰，估計將有約四萬六千人回國，嚴防將新型流感帶進日本的檢疫將成為海關的重點工作。

註：（資料來源：新浪網路新聞）

台灣西遊記
——我的普度大學留學之路

嶺東科技大學視覺傳達設計系助理教授兼設計學院院長
／陳健文

　　曾幾何時「留學」已經不是個時髦的名詞，時而聽聞某某學生想要利用暑假去歐洲／美國遊學兩個月、某某要休學到國外留學了……；由於國民生活水平的提高，比起過去，有不小比例的家庭足以負擔小孩到海外留學的龐大費用，留學生年齡已逐漸下降到只有十幾歲的小學生了。比起筆者到近二十七歲才放洋，現今的學子真是幸福多多啊！然而，「留學」畢竟與「遊學」有很大的差異，不僅去國的時間長，金錢的投資龐大，加上個人心情／角色都須做適當的調整，因此想要保有一個愉快的留學經驗，是需要審慎地規劃與安排，以及幾個條件的配合，諸如正確的選校、長輩與朋友的幫忙、與教授的良性互動、家庭的支持與配合……等等，如此留學之途才能順利平坦。

　　回想筆者服役退伍後，在國內工作了兩年，一方面準備托福及GRE考試，一方面藉由工作體認社會的脈動、確認個人的性向，以期能訂定一個明確的留學目標。經過一段漫長時間的尋找學校資訊、索取申請書、申請、回覆、決定就讀學

校……，在不假手他人、不委請代辦中心處理的情形下，終於在民國七十八年八月，筆者帶著新婚的妻子以及同行的家父（他是要回他的母校拜訪），伴隨著滿囊的親友祝福，飛往太平洋的另一端—美洲大陸西岸，展開另一階段的人生旅程，這一去就是八個寒暑。前四年在美國加州舊金山落腳，在這號稱全美最美麗的都市讀書，同時兩個小孩也先後於隔一年底及民國八十一年報到。初期，一邊唸書、一方面又初為人父母，兩個人因摸索扮演不同的角色而手忙腳亂，著實需要在心情及角色上重新調整適應；所幸雙親、岳家適時地援助及精神支持，因此一路走來，心中充滿無限感激與成就感。

由於前四年的辛苦求學經驗，使得後四年唸博士的路程，有漸入佳境、倒吃甘蔗的感覺。筆者希望藉此提供個人的留學經驗，給計劃或即將出國留學的同學參考，企盼您的留學生涯充滿挑戰、驚喜與驕傲。

筆者認為一個成功的留學之路必須至少要有以下幾個要項的配合，謹以個人的經驗與大家分享：

首先，打好語言基礎並審慎地選擇學校。筆者畢業於國立台北工專，由於學制的關係（三專），初到美國足足花了兩年的時間補修大學學分，拿到大學文憑後，才得以攻讀碩士。在美國加州舊金山州立大學就讀時，第二學期就爭取到在「外籍學生辦公室」服務的機會（參見圖1），對語言的加強及工作經驗的磨練都有很大的幫助，另一方面對學費的減免亦有實質的幫助，真是一舉數得。然而，筆者在補修大學學分時，著實吃了不少苦頭；一則因為大學所念的東西五花八門—通識課程諸如天文、美國憲法、歷史、人類學等的教科書皆厚得嚇人，再加上因為語言尚未進入狀況，念來真是備極辛苦。然而，在時間與經驗的累積下，使得在功課準備上逐漸減輕壓力。因此

圖1　筆者（後排左一）與州大外籍學生辦公室
　　　的學生顧問們聚餐,聯絡感情。

在念碩士的第二年開始收集資料、評估及申請念博士的學府，
依據個人的專長興趣申請了九所，學校分佈於美國數州，最後
得到六所學校（University of San Francisco, University of Oregon
(Eugene), Arizona State University, Texas Tech University, Purdue
University, & Virginia Polytech University）的博士班入學許可
（I-20）。經過各方面的考量（包括學校名聲、所需學費及生
活費、有否提供獎助學金、所處州的環境氣候、都市人文……
等），選擇了Virginia Polytech University 及Purdue University為
最後的兩個選擇。
　　筆者利用在碩士班最後一學期的春假，帶著家眷從加州
來回飛行四千多英哩，展開為期一週的「校園考察之旅」，分
別造訪這兩所位於美東部維吉尼亞州及美中西部印第安那州
的知名學府。行前並分別與入學許可通知信中指定的教授取得
聯繫，安排好面談時間後才成行。透過實地的了解、比較與評

圖2　美國有些州的天氣與台灣
　　　迥異，特別怕冷或怕熱的
　　　學子可要考慮申請學校所
　　　處地區的氣候喔！美國中
　　　西部氣候四季分明，夏天
　　　氣溫高達攝氏三十餘度，
　　　到了雪季來時可是會低到
　　　攝氏零下二十餘度呢！不
　　　過這種堆和人一般高雪人
　　　的經驗，在台灣是沒有機
　　　會體驗得到的！

估學校的規模與設備、課程與研究領域、居住環境與氣候（見圖2），最後才決定普度大學做為攻讀博士的學校，而在民國八十二年六月舉家由加州遷往兩千英哩遠外的印第安那州拉法葉市（見圖3、圖4）。

　　其次，尋求長輩與朋友的協助。筆者最後會選擇普度大學就讀，一個重要的因素是因為事先與在當地任教的長輩及唸書的朋友取得聯繫，對學校有更深的了解後，才做的決定。特別是任教於普度大學地質系的謝教授伉儷對筆者一家的照顧，經常到他們美麗的宅院聚餐，以解思鄉情懷（見圖5）。還有，當時兒時的玩伴一家三姊妹分別攻讀博士、碩士、學士學位，同時擔任中國同學會的服務工作，熱心協助新到的台灣同學，對我們照顧頗多（見圖6）。在謝家三姊妹就讀期間，中國同學會在謝教授的指導下蓬勃發展，留學生踴躍參與各項活動，凝聚

圖3　普度大學的精神堡壘─鐘塔，新建於1994年，耗資美金兩百餘
　　　萬，曾經引起很大的爭議，然而自此成為學校新的象徵是不爭
　　　的事實。

圖4　照片中左側是建於1993年新的教育學院（內有最新的教學設
　　　備）與右側具有逾一百年歷史的心理系大樓遙遙相對，新與
　　　舊、創新與懷古，形成一強烈的對比。

圖5　筆者父母來
　　　訪（照片
　　　中右三、
　　　四），攝於
　　　謝教授家偌
　　　大的後院。

圖6　筆者一家接
　　　受朋友的熱
　　　情款待，攝
　　　於當地一家
　　　西餐廳。

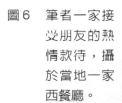

圖7　指導教授Dr.
　　　Lehman與
　　　筆者全家攝
　　　於畢業典禮
　　　當天。

非常強的向心力，為遠離家鄉的遊子憑添一份溫馨的情誼，令人永難忘懷，更讓我們因而增加不少生活情趣。

第三，保持與指導教授的良性互動。留學生能否得到指導教授的正確指導，往往關係到修習時間的長短，以及是否能順利畢業的關鍵。無論攻讀碩士或博士，系／所通常會先指定一名教授作為選課上的顧問，當研究方向確定後，可依研究領域跟隨一位指導教授，做為往後研究討論的對象。這時，謹慎選擇一位能夠對個人研究方向提供適當指導的教授，並與他/她保持良好關係；否則，往往在論文寫作期間會因為指導教授對你的題目不感興趣而曠日廢時，延誤畢業的時間。筆者何其有幸能跟隨一位處處替學生著想的教授（見圖7），協助筆者排除在修課及寫作過程中可能面臨的難題與困境。當然在這過程中，師生的良性互動扮演著非常重要的角色，學生要主動地與指導教授保持密切聯繫，積極參與系上的研討會、聚會，取得教授對你能力的肯定與信賴。由於筆者與論文指導小組的教授成員們皆維持很好的關係，因此在論文寫作的後期得到很多協助，才得以在最短的時間內通過口試，於四年內順利取得博士學位。

第四，積極爭取獎助學金。由於攻讀博士往往需要四到五年甚至更長的時間，學費及生活費的需求因學校及所處州及城市不同而異，無論如何都是需要一筆龐大的費用，金錢的壓力可想而知，這往往因此讓很多人打退堂鼓。有鑒於此，筆者在選擇學校時，自然以有提供獎學金的學校作為優先考慮，在與兩所到訪學校教授第一次面談時即提出詢問／要求。雖然彼時沒有獲得首肯（因為校／所方須針對所有申請者做篩選後才得以提供），但筆者終究有幸於入學的第一學期即獲得全額的教學助理獎學金（Teaching Assistant Scholarship，簡稱T.A.；學校另有提供R.A.—Research Assistant Scholarship，研究助理獎學金，然而名額較少）。能夠順利申請到獎學金，筆者認為前四

年在加州所打下的語言基礎、工作經驗，以及長時間培養的電腦技能，是主要被考量的因素。

教學助理顧其名就是要參與教學的工作，但首先必須通過語言上的考核。筆者由於有四年在加州修讀學士、碩士的歷程，得以練就從容應對的功夫，輕易通過考試而免於修習一年的語音及表達課程。在筆者就讀的教育學院，教學助理必須承擔任教大學部一週兩個班級／六小時的電腦課程、參與每週兩小時的課程進度討論、以及擔任十二小時的電腦教室顧問，共計每週二十小時；時間的負荷算是蠻沉重的，考驗個人在修課及工作兩方面時間的有效運用。誠然如此，對筆者留學的負擔也有非常實質的回饋。院方（教育學院）減免個人全學年學費（兩學期及暑期）美金約一萬五千元，並補助每個月美金近九百元的生活津貼，一年足足為筆者省下兩萬五千美元的花費。院方並透過每學期學生對助教的教學評鑑，做為下一個學年度續聘的重要參考依據；筆者也很幸運地能夠連續四年都獲得全額的獎助，也因此省下超過新台幣三百萬元的支出，在金錢的壓力大大減小的情況下順利地完成學業。

其實，擔任T.A.或R.A.的另一收穫是，藉此得以與教授們、校方職員、以及同事（同為博士生）有比一般生較多接觸／交換意見的機會，在師生及與學校的互動上比較佔便宜，對求學的過程往往有意想不到的助益。因此建議有意留學者，不妨多留意獎助的訊息，能夠爭取到的話，絕對是一舉數得！

最後，來自家庭與親人的支持及祝福。由於筆者攜家帶眷，比單身求學的遊了多了幾分責任，因此如何在學校及家庭間能夠兼顧並重，是能否順利完成學業的關鍵。除了繁重的課業外，如何讓眷屬能儘快適應環境、免除後顧之憂，亦相當重要。因此適當地安排休閒旅遊（見圖8）、參與家庭餐會、結交新朋友、讓另一半有可以發揮的空間、讓小朋友能儘快融入學校團體

生活……等等，皆是必須費心去安排克服的。當家庭能夠安置妥當，另一半能夠體諒分憂，那麼個人需要煩惱的也就只有把課業搞好了。此外，筆者特別要感謝雙親及岳父母給予我們精神的支持與經濟的奧援，使得我們能在美成長，在無後顧之憂的情形下，專心攻讀學位。

圖 8　筆者利用長假開著這部愛車載全家南征北討，從旅遊中了解美國多元的民情風俗及文化（攝於印州拉法葉市住家前）。

　　以上是筆者留美八年，特別是在後四年攻讀博士時所獲致的心得，不管是對自己的語文能力、專業知識與技術的更加精進，或是因積極參與活動而碰撞出多樣的火花，都讓我及家人深覺不虛此行，留下美好的回憶。藉此文與各位讀者分享，希望對想出國留學的同學們在選擇學校及留學時各方面的適應能有積極性的幫助。

中國藝術精神

嶺東科技大學通識教育中心副教授兼主任／胡仲權

　　思想的產生必有其淵源，中國藝術思想大約起源於先秦的道、儒兩家思想，其中老子與孔子是代表性人物，而藝術思想所以能形成，主要是當時各個不同民族與氏族之間，經彼此文化的對話和交流，逐漸了解而融合。於是，在長期文化對話交流之下，來自楚文化的陰陽學說，與齊的五行思想，以及周魯的中行思想，倫理道德觀念，漸次的融蓄而形成了中國藝術思想的基源。

　　先秦時期，老子、孔子及其後學者的藝術思想，影響了後世藝術思想的發展，可以說後世藝術思想大多萌芽於此，不過，思想的流變有其歷史發展不同階段的因果關係，也有其不同歷史背景下各自的特色，如僅以先秦時期老子、孔子及其局限性看法，將無法準確地指明歷代中國藝術思想的特色與內涵。

　　由先秦歷經兩漢、魏晉南北朝、隨、唐，以至元、明、清，中國藝術思想在不同的歷史氛圍中，展現了不同的主題中心內涵及特色，由文字記錄始，在前後發展約三千年的過程中，中國藝術思想自然也醞釀出自有的特色與價值，由於時間及篇幅的限制，在此僅就個人的研究心得，提出一些中國藝術精神的特色，以就教於大家。

中國藝術首重人品，亦即先求做人再求學藝，宋代古文家歐陽修〈國學試策三道〉說：

> 必欲明教之導志，音之移人，粗舉一端，請陳其說：夫順天地，調陰陽，感人以合，適物之性，則樂之導志將由是乎？本治亂，形哀樂，歌政之本，動民之心，則音之移人其在茲矣！

此處從音樂潛移默化人心的教育功能入手，說明音樂能激發人類內在善良情志，以達人倫和諧的境界。足見我國音樂藝術思想重視音樂如何激發善性自覺，以達人倫和諧之境界。

人類內在善良情志而受到激發，藉藝術作品而達人倫和諧的境界，一直是中國藝術精神的基調，孔子於《論語·述而》說道：

> 志於道；據於德；依於仁；游於藝。

據此，則有志於道之人，在游藝之前必先依據仁德為本，換言之，藝術必先在仁德修養的前提之下奠基，如此的藝術精神觀念，標誌著以人品做為藝術作品表現的設準原則，也同時顯示人品修養高於藝術技巧的藝術精神，影響所及，中國藝術批評，遂形成首重藝術家在作品中所展現人文精神，其次才是評量藝術家在作品中展現藝術技巧的傳統。

除此之外，生命欲和諧，必須先求主觀內在心靈的修養，老子認為：

> 致虛極；守靜篤。萬物並作，吾以觀復。（16章）

　　此處強調內在心靈之修養在於虛極、靜篤兩端，「虛極」則內心無任何成見，對事可有開闊而不自我設限的識見，「靜篤」則心緒自在穩定，不受任何客觀事物的干擾，也不去干涉或破壞客觀事物的規律，透過如此美感心靈的觀照能力，於是順應萬物自然規律一同和諧成長，共達渾然一體的生命和諧境界，莊子〈逍遙遊〉稱讚藐姑射山的仙女說：

　　　　其神凝，使物不疵癘而年穀熟。

　　正是此美感心靈觀照下，凝神專一而順應萬物之自然本體，共達無瑕疵，無雜染之生命和諧境界的人格形象。

　　正因為順應萬物自然衍化的規律，因此在面對客觀事物之時，採取的是相應無為的態度，莊子〈應帝王〉說：

　　　　至人之用心若鏡，不將不迎，應而不藏，故能勝物而不傷。

　　人之心靈觀照與世界之關係如照鏡子，不預存任何的形象知見，如照鏡子般，只真實投射出萬物自然之本貌，因此，在行動實踐上採取的是「無為」的做法，「無為」並非什麼事都不去做，老子說：

　　　　是以聖人處無為之事，行不言之教。萬物作焉而不辭，生而不有，為而不恃，功成而弗居。（2章）

　　又說：

　　　　不自見故明，不自足故彰，不自伐故有功，不自矜故長。（22章）

據此，可知所謂「無為」，是無所為而為，即不預存任何的成見，無限地放下任何心中的知識見解，完全沒有自我的主張與刻意的造作，只是順應事物的自然發展規律，無限地涵容宇宙萬物，達到物我交融的生命和諧境界，以行為實踐面來看，似乎無任何的行動作為，但從境界達成的結果面而論，卻又是一種無窮無盡的心靈實踐之旅，故可以說是「無不為」，因此，老子說：

> 為學日益，為道日損。損之又損，以至於無為，無為而無不為。（48章）

　　如此無為而無不為，無限地拋除自我設限之成見，正是實踐順應萬物自然以追求生命和諧境界的最佳寫照。又先秦《呂氏春秋‧大樂》說：

> 凡樂，天地之和，陰陽之調也。

　　此說明音樂起源於自然，且順應自然以求生命調和之境界，據此可知我國的音樂藝術思想，也是在順應自然以追求生命和諧的境界。

　　總而言之，中國藝術主要來自兩個主題，即自然與人，自然主要是做為心靈觀照的客體，而人則為心靈觀照的主體，固然不同的思想家建構藝術思想的方法不同，但是其觀照之終極目標皆是生命的圓融和諧，在主客體觀照的交互關係上，主要採取的是相應模式，也就是主體與客體之間，以主題內在先求和諧圓融，再順應而尊重客體的本來形象，最後再達到主客交融，圓滿和諧的終極目標。

　　由於先求主體內在和諧，使得中國藝術思想有內省自律之特色，無論是強調「虛極」、「靜篤」之去除內在預留成見的做法，或是善良心性自覺的仁道修養，均從自我內在的心靈自律與省察出發，更由於其對待的方法是順應尊重客體的本來形象面貌，因此，其審美觀照的過程，主要在於了解並客觀呈顯客體的特徵和價值，而非征服客體以為主體服務，主客之間處於交流平衡之狀態，而不是對立衝突妥協之形式。

　　在追求生命圓融和諧之終極目標下，中國藝術思想整體之發展主要奠基於中道的思想，以不偏不倚的中和思想為根基，無論是陰陽的調和或是五行之間的相生相剋平衡，皆不出此中和之道的思想基源，在這樣的思想引導之下，中國音樂強調自然宇宙和人心內在之調和，音樂旋律與人倫情志之調和；中國書畫則重視自然景物與內在心靈的交融和諧；中國文化特重整齊對稱平衡之形象，影響之下，中國文學有重視對偶駢儷之現象，而中國建築結構也特多整齊對稱平衡的設計。

　　外在的形式以整齊對稱平衡為主，內在的心靈觀照也不例外，中國文化特重和平與人倫之和諧，對任何形式的衝突與對立感到不適及反感，在人際交往上重視倫理秩序之社會關係，在在均顯示了以平衡和諧為主軸的美感藝術思想，至於內在的心靈主體與外在形象客體之間的交互關係，也是以平衡和諧為主軸，追求主客交融和諧的目標，總而言之，中國藝術思想的精神特色在於以自然為範本，在尊重自然的原則之下，要求人為內在的省察與善良本性的自覺，以調和人與自然的關係為指標，最後的終極目標在於達到生命之圓融和諧的境界。

談繁簡字體的轉換

嶺東科技大學通識教育中心副教授／呂瑞生

　　隨著兩岸近年來在文化、經貿、旅遊、教育上的頻繁交流，兩岸在文字上的差異，往往造成許多不便，因此如何藉由各種學習管道與工具，來學習轉換繁簡字體，實有其必要性，以下就來談談此一課題。

　　大陸制定簡化字的歷史，始於1964年5月中國文字改革研究委員會編印的《簡化字總表》，此表共分三表：第一表是352個不作簡化偏旁用的簡化字，第二表是132個可作簡化偏旁用的簡化字和14個簡化偏旁，第三表是經過偏旁類推而成的1754個簡化字。而在1977年12月20日，中國文字改革研究委員會又公佈《第二次漢字簡化方案（草案）》，其中包含兩個字表，第一表有248字，第二表有605字。然而1986年6月24日，國務院又發出《國務院批轉國家語言文字工作委員會〈關於廢止《第二次漢字簡化方案（草案）》和糾正社會用字混亂現象的請示〉的通知》，而宣佈廢除「二簡字」。接著在1986年10月10日重新發表《簡化字總表》，其中第一表收350個不作簡化偏旁用的簡化字，第二表收132個可作簡化偏旁用的簡化字和14個簡化偏旁，第三表收經過偏旁類推而成的1753個簡化字；共收2235個簡化字。

而國內所用的字體，稱為「標準字體」，是由教育部在民國六十二年（1973）委託國立臺灣師範大學國文研究所成立專案小組負責研訂。民國六十七年（1978）教育部則將字表定名為《常用國字標準字體表》，字數為四八〇八字。民國七十一年（1982）教育部又印行《次常用國字標準字體表》六三三二字。在民國七十二年（1983），則另外印行了《罕用國字標準字體表》一八三八八字。

因雙方使用的字體在研訂觀念上有所不同，故有大量的字形差異，而如何利用工具將其互相轉換，以下即簡述幾種方法：

一、繁簡字體對照手冊

自兩岸開放交流以後，隨著台灣民眾大量到大陸探親、觀光，以及進行文化、經濟等活動，在自然的需求下，坊間出版了大量的繁簡字體對照手冊，採用注音、筆畫或部首的檢索方式，將簡化字與標準字體逐字排列對照。這些手冊大多以輕巧袖珍的型態發行，可隨身攜帶查閱，帶給使用者相當的便利性，有的更會將兩岸的不同用語收錄成篇，方便兩岸互訪的人士使用。以博客來網路書店所收書籍為例，最少有下列書籍屬於此類：

1. 繁簡體速查手冊：兩岸交流必備指南 蘇勝宏 德威 2008年10月
2. 中文繁簡速查字典 黃錦鋐 旺文社 2008年06月
3. 簡化字繁體字對照字典 江藍生、陸尊梧編著 上海辭書出版社 2007年08月
4. 實用繁簡體字手冊 何紅年責編 台灣商務 1999年04月

二、異體字字典

　　教育部《異體字字典》的編輯，本是為「要將亞洲漢字以正字為綱領作一統整」、「為日後擴編中文電腦內碼，作大規模整理，以為擴編之基礎」、「為修訂原異體字整理的初步成果，有必要正訛與增訂」而編纂，但因為此字典有網路版本，且又將《簡化字總表》的第一表、第二表的許多簡化字收錄於內容之中，因此若在方便上網的情形下，進入《異體字字典》的檢索頁面，用「部首索引」或「筆畫索引」來查索，將可輕鬆的找到不認識又不會唸的字，並可由此進一步的了解到此字的其他相關字形及資料，對於想深入了解標準字體字形的人而言，具有很大的幫助。

三、繁簡字體轉換軟體

　　為了在電腦資訊時代，溝通兩岸因為文字差異而造成的不便，軟體業者發展出繁簡字體轉換軟體。早期的轉換軟體，簡單地把台灣的大五碼（Big5）和大陸的國標碼（GB）做一對一的對應。但因簡對繁的轉換和繁對簡的轉換，牽涉到一個簡化字對應多個標準字體的問題，如「干」對應「乾、幹」、「台」對應「臺、檯、颱」等等，所以電腦在做對應的時候，就出現了不少問題。但隨著技術的進步，現在電腦轉換的軟體比以前聰明，雖然還是會有對應上的盲點，但對於電腦文件繁簡字體的轉換，卻有非常大的幫助。以下為幾種繁簡轉換軟體：「ConvertZ中文簡繁內碼轉換器」、「新同文堂」、「Dr. eye譯典通」、「馴碼快手」、「ALiBaBar（阿里巴巴）」、「Microsoft AppLocale公用程式」、「龍之旅」。

　　上述軟體有的是付費，有的是免費，有的是針對文件設計，有的是使用於網頁，若欲了解相關訊息，可在網路上搜尋，即可得知。

　　而對一般人來說，MS Word 2003的簡繁電腦轉換功能，則是一個很容易接觸到的軟體，只要進入「Word」，將要轉換的文字選擇起來，再依序進入「工具」＞「語言」＞「中文繁簡轉換」，就可以選擇是要將「簡體中文轉化為繁體中文」，或將「繁體中文轉化為簡體中文」。

四、掃描器、數位相機與中文辨識軟體

　　隨著資訊科技的進步發展，將大量原存於書面上的文字資料，轉換為可在電腦上編輯的資料，成為一件可能的事。只要擁有一台掃描器，並搭配中文辨識軟體，若書面資料文字夠清晰，幾個動作，很快的就可將一篇文章、一本書，輕鬆的轉換為電腦文字檔。而轉為文字檔後，再配合繁簡轉換軟體，並將字型轉換為標楷體，原來在簡體文獻的資料，馬上就可變成標準字體文件。

　　目前在市面上購買的掃描器，大多數都附贈有中文辨識軟體，但由於附贈的是隨機版的辨識軟體，很多是軟體廠商大量授權給掃描器廠商使用的版本，有時在功能上與正式版的軟體有差異，文字的辨識度也比較差，因此也有一些專門的中文辨識軟體在市面上發行，如丹青、蒙恬認識王、漢王、清華紫光等產品。而若手上沒有掃描器或上述的軟體，只要有數位相機和Microsoft Office 2003以上的軟體，也一樣可以達成將書面資料轉換為電腦文字檔的工作，其轉換步驟如下：

　　　1.開啟圖片檔案＞點選「列印」＞印表機選擇為「Microsoft Office Document Image Writer」＞按下列印＞

並儲存檔案。

2. 此時會自動跳出一個軟體，點選「工具」>「選項」>「OCR」>OCR語言設定為中文>確定。

3. 再次點選「工具」>「使用OCR辨視」>再點選「工具」>「傳送文字到Word」，此時電腦就會自動開啟一個Word檔，並將辨識完成的文字傳送到此檔案中。

通過以上的步驟，書面資料就可以迅速的轉變成電腦文字檔。雖然步驟看起來有點複雜，但只要多用幾次，很快就可以上手。

五、掃描筆

因為掃描器的體積龐大，不便於攜帶，資訊業者發展出一種體積輕巧的掃描筆。這種產品整合掃描輸入、辨識、翻譯三項功能，在掃瞄的同時，即可將書面文字轉換成電子檔，並輸入至電腦檔案中，若再透過繁簡轉換軟以及字型的轉換，就可輕易的將簡化字轉換為標準字體。

此類轉換工具，如「蒙恬迷你掃譯筆 II」，掃描的資料則可直接使用於Word、Excel、PowerPoint等應用程式，可辨認的範圍包含中文繁簡體、英文、數字及符號等，可辨認的字集包括13063個繁體、6763個簡體中文字、4184個香港字、3580個日文字。可動態切換繁體中文、簡體中文、香港字、英文及日文辨識核心，並可自動辨認橫排及直排文字，以及掃繁得簡、掃簡得繁。又如「IRISPen 6雅仕掃描筆亞洲版」，則支援辨識125種語文，亞洲文字的辨識則包含中文繁簡字體、日文、韓文等，也支援中、日文直行文字辨識，以及由左到右及由右到左之掃描。而更新的產品甚至不用與電腦連線，即可儲存資料，

如「蒙恬超級掃譯筆 II 」，內建的記憶體，可儲存1000張A4的資料。

　　因此善用此類產品，只要是非古文獻的書面資料，在文字的辨識上都可收到一定的效果，對於打字不是很快、有繁簡轉換需求的人士而言，是一個很方便而實用的工具。

　　綜觀兩岸在文字上的發展，隨著環境的變化，與繁簡轉換軟體的進步，已可看到在電腦與網路上，兩岸文字的差異已漸漸弭平。所以藉由電腦軟硬體的快速發展，或許日後一個結合掃描器、中文辨識軟體、繁簡轉換軟體的輕巧照相手機的出現，將會是影響兩岸對文字差異討論的一個重大因素。

在生命的轉彎處遇見耶穌
——重讀七等生

修平技術學院應用中文系副教授／劉慧珠

　　七等生，一個令人又愛又恨的現代作家，當你靠近他想探知他的內心世界時，卻感覺他的世界越加的遙遠與遼闊；即使面對面的交談，一種既真實又迷離的感覺，不是越來越清晰，反而是讓人不由得心虛地想退回書房再去重讀他的作品。

　　自謙自己不是作家的七等生卻有著藝術家的獨特品味與執著，或許這是他把文學視同藝術的根本理由，而創作形式就是他面對生存所採取的一種姿態。他回想自己一生雖沒經過什麼大風大浪，卻多的是說出來沒人相信或能明白的事情，只能藉由書寫去表現自我的存在，他以為生命的欲求是生存的唯一要義，因此藝術創作就是他面對生存的挑戰。他認為寫作最大的快樂和報酬是把感覺透過一個個的事件傳達出來；生活中不愉快的經驗，也可藉想像幻化為對美感的追求。為了創作的緣故，確切地說是為了要逃離充滿偽善虛假的教育環境（全集【9】《譚郎的書信》：「一件有一件的俗事向我襲來，學校的某些工作既瑣碎又無意義，想到我置身於這佈滿偽善虛假的教育工作，真要使我再度棄職而逃。一九六五年，距今十四年

前，我曾經受不了而演過逃離的一幕，然後是一連串的流浪和
飄泊；想到那些生活無著的日子，我現在只得用強抑來束縛我
的衝動。」頁94；這幾乎就是現實七等生的經歷。由以上文字
推斷，這些書信有可能作於一九七九年八月。）他曾辭掉小學
教師的工作留在台北城打拚，在現實種種的摧逼下，傻然成為
一名追逐生活的浪子，就如〈跳遠選手退休了〉中的城市幽
魂，在眾人的呼喊聲中悄然引退，孤獨淡漠地去追尋心中的那
一片亮光（美）；他把從台北轉回通霄復職後的二十年黃金歲
月用來從事筆耕，寫出內心深處魂牽夢縈的沙河，之後，他用
退休後的全副精神投入繪畫，畫出文學以外夢寐以求的沙河。

　　一九七二年，回到通霄定居的七等生，雖然過著半隱居的
生活狀態，但文學創作讓他不再默默無聞，文學透顯的力量就
像一條潛伏的沙河一樣，雖然表面氣若游絲，卻在地層裡流淌
著汩汩的生命氣息。各地慕名而來的「粉絲」，諸如台南成功
大學中文系陳昌明教授師生的系刊專訪，也有作家心岱及婦女
雜誌、張老師月刊等等的訪問行程，讓他的文名遠播。（參見
心岱，〈七等生記——我確信天使是啞默者〉，《小說新潮》1
期「七等生專輯」，頁219~240，1977年6月，後收於謝冰瑩，
《作家印象記》，眾文圖書公司，1984年5月；胡為美，〈七等
生要追求心靈創作的自由〉，《婦女雜誌》105期，頁24~28，
1977年6月。）另外，他在一九七二年發表的〈期待白馬而顯現
唐倩〉，此篇是針對陳映真〈唐倩的喜劇〉（發表在《文學季
刊》第二期，1967年1月）的改寫，同樣是對文化圈中知識份子
著迷於理性與存在主義哲學氛圍的行徑加以揭示與嘲諷，然而
七等生更添加了幾許幽默與詼諧，並寄託了沙河的現實與理想
的白馬的寓意在其中；其《離城記》（1973年晨鐘版）寫出一
個城市的漫遊者，遍尋自己存在的價值不著，也摸索不到自己
的責任和義務，更不願隨波逐流地去順從城市既有的制度與風

尚，終而棄城離去，頗有自身遭遇的寫照；而《削瘦的靈魂》則被學者呂正惠視為是七等生最成功的代表作，其實是因為七等生用寫實的筆法，以自己為原型，清楚地揭露學院裡的制式教育，與為人師表表裡不一的醜陋嘴臉。

　　一九七八年（40歲），七等生撰寫《耶穌的藝術》，這部被作家楊牧稱為「文類錯綜帶著神學意趣的大著作」（楊牧，〈七等生小說的幻與真〉，初登載於《聯合報》12版，1979年4月23、24日，後收於《重回沙河》，頁364，七等生全集【8】，遠景出版社，2003年。）原是一本讀書筆記，牽涉到對《聖經》馬太福音的解釋，以想像與透視的創作手法切入耶穌的一生，並以直覺的方式抒發自己的感受和看法。由於這部經典的觸發，讓正處於創作瓶頸的他，生命境界豁然開朗，而創發出另一波生命美學的高潮（見〈耶穌的藝術〉，收於《銀波翅膀》，七等生全集【7】，頁4）；雖然在七等生的文學研究之中，鮮少被注意或評論，但「以生命影響生命」的福音信仰，不就在生命的轉彎處被如此傳揚開來嗎？若說後來國內外的研究者會對七等生小說中的哲學、神學或宗教關懷產生興趣，《耶穌的藝術》無疑是一部關鍵性的作品。

　　究竟宗教界如何來看待這部作品呢？屏東林邊教會的蔡松柏牧師認為，七等生的撰作意圖是想把它從宗教世界抽離出來，因為他知道所謂宗教世界其實是蠻複雜的，所以沒有去碰觸及處理鬼神的問題，而是看到耶穌的影響、耶穌的表現到底給他怎麼樣的一個啟發、一個怎麼樣的感動，比較是人格的典範，但還沒有到達真正信仰的層次。他以〈馬太福音〉為綱領，一章章的寫下筆記和心得，雖然呈現的是隨筆，或是筆記感想之類的方式，但也已經涉及到解經的工作。蔡牧師表示，先不論好壞或對錯，他的明顯局限就在於福音書其實還有三本，而且，在談論關於耶穌所啟示的內容和含義時，保羅還寫

了很多篇的書信文章，基本上通通離不開耶穌這個主題，而馬太福音卻只是四根柱子中的其中一根而已！筆者為了《耶穌的藝術》與宗教界有一對話的空間，特受台中忠孝長老教會林旻凱牧師推薦前往屏東「林邊教會」與這方面頗有心得的蔡松柏牧師（東海歷史系畢業，台南神學院道學碩士）見上一面，展開對談與專訪（見筆者「蔡松柏牧師專訪」（2006年7月22日）整理稿。）以信仰的觀點而言，蔡牧師看到了他前置作業的不足，而七等生是站在個人的立場，以想當然耳的方式去書寫耶穌的典型及其人格特質，「雖然文學的成份相當高，也事先做過交代和迴避，但其實在面對一個全世界最大的一部信仰經典作品時，他的預備工作是相當不足的。」（筆者「蔡松柏牧師專訪」（2006年7月22日）整理稿。）蔡牧師明白指陳這部作品的缺失，是之所以不能被歸入解經書籍之列的原因。然而就信仰啟迪人心和單純的信靠而言，這不啻是上帝得人的開始；若干讀者或被耶穌的行徑所吸引，或被《耶穌的藝術》所感動，這都是「萬事互相效力，為教愛神的人得益處」的明證，其意義不容小覷。後來他的〈小林阿達〉、〈回鄉印象〉及〈迷失的蝶〉三篇分別刊載在同一年（1978年）的《臺灣日報》（一月）、《聯合報》（四月）和《中國時報》的副刊上，這三篇作品的產生，是七等生繼《耶穌的藝術》之後特別關注人心靈內在機轉所產生的作品，相對於之前他對耶穌人格典範的關注所下的功夫，展現的是其生命美學的層次。對個人內在生命的闡述，本來就是七等生寫作延展不變的主題，他更認為，生命個體到了某一個時期（有如生長的成熟階段），常有轉向的趨勢；一個人如果能夠省思過去種種事象，必定能夠重創一股新的生命力量（《散步去黑橋》序，頁2，遠景出版社，1979年再版。）如〈散步去黑橋〉一文發表於同年六月出版的《現代文學》第四期，七等生自言這篇文章的意義在於：「試圖給予在

同一空間環境中，現在和往昔兩種不同時間的價值比較，屬於現實哲學的討論。」（《散步去黑橋》序，頁5，遠景出版社，1979年再版。）

對於《耶穌的藝術》這本他無意間接觸《聖經》後的閱讀筆記，七等生以非信徒的身份去閱讀，並試著用現實的角度去理解，流露出潛在的宗教情懷。而不管是哲學界的史賓諾沙或是西方中世紀文明史的橋樑人物湯瑪斯・阿逵那，也都是他十分激賞欽佩的歷史人物。雖然他謙遜表示自己雖非博覽群書，甚至說是有點懶散，但在閱讀中卻恰可印證他自己的某些思考，尤其是形諸於創作中的文字，因此他說：「我的著作恰如我在其他知識找到的註腳」，然而這是「與我語碼不同的人所不能理解的。」

這樣一位一生追求心靈自由，嚮往古希臘羅馬文明，以蘇格拉底、柏拉圖所開啟的哲學為一生思索的根源的生活思想家，並以「理想女人」（意象美）的追尋成就他一生創作源泉的文藝創作者，他的終極關懷是普世的，而且是超越國族的，並非落實於某一具體有形的意識形態當中，而其一生的創作旨趣，實值有志於文學創作者的關注與探索。

索馬利亞的海盜

嶺東科技大學通識教育中心教授／劉承宗

一、前言

　　1856年，多國在巴黎共同簽訂聲明，終止了私掠許可證的頒發。1962年9月30日的日內瓦「公海公約」中，將「海盜行為」定義為：「為謀取個人暴利，以私人船隻或飛機在公海上搶劫、綁架等一切不法暴力行動。」1982年「聯合國海洋法公約」定義「海盜行為」為：「海盜船、海盜飛行器的成員，基於私利對公海上其他船隻、飛行器，或船隻、飛行器上的成員，施以拘禁、掠奪、暴力的攻擊行為。」

　　索馬利亞長年內戰，緊鄰海域亞丁灣位於歐亞必經航線蘇伊士運河，海盜猖獗。索馬利亞分崩離析，非法越界捕撈的他國漁船常出現在索馬利亞領海。當地的漁民、商人、叛軍發現他們可以透過海盜的行為獲取更多的利益。在大多數的劫持事件中，人質並沒有受到傷害，通常以交付贖金解決。海盜的組織嚴謹，裝備完善，成員多為曾受訓軍人。由於海盜配備大量威力強大的武器及戰艦，迫使多國政府出動海軍圍剿。

二、劫船記錄（2005-2010年）

- 2005年8月，高雄、琉球籍的中華民國漁船「中義218號」、「新連發36號」、和「承慶豐號」連續被劫；2006年1月，交付贖金後被釋。
- 2006年4月4日，南韓漁船「東源628號」被劫。
- 2007年5月，中華民國「慶豐華一六八號」漁船被劫。11月，交付20萬贖金後獲釋。
- 2008年9月17日，大陸對「大創造」散裝貨輪被劫。19日早上，船隻被釋、船員均無恙。
- 2008年9月25日，挾持烏克蘭貨輪「芬娜號（Faina）」（載有俄羅斯售予肯亞的軍火：33輛二手T72型坦克，其他相關武器及彈藥。）
- 2008年11月14日，大陸籍天津遠洋漁業公司的遠洋漁船「天裕8號」被劫。
- 2008年11月15日，可載200萬桶石油、載有25名船員的沙烏地阿拉伯「天狼星號（Sirius Star）」油輪在肯亞近海被劫持。
- 2008年11月18日，從香港開往伊朗阿巴斯港的香港註冊伊朗貨輪「喜悅號（Delight）」，在也門對開亞丁港被劫持。
- 2008年12月17日，上海振華港機公司排水量6萬噸的貨輪「振華4號」由蘇丹返回上海，中午12時9名手持重型機槍及火箭筒等武器的海盜分乘2艘船，登上貨輪「振華4號」。
- 2009年2月23日，海盜在亞丁灣駕駛兩艘小船向一萬三千噸的日本貨船「茉莉艾斯號（Jasmine Ace）」開火，打破輪船的玻璃。

- 2009年4月6日，中華民國高雄籍漁船「穩發161號」（約700多噸的遠洋鮪釣漁船）被劫。
- 2009年4月10日，法國突擊隊攻擊被劫持的法國遊艇「塔尼號」（Tanit），殺死2名海盜，救出人質。
- 2009年4月11日，美國海豹部隊在總統巴拉克・歐巴馬授權下，成功營救被脅持的快桅阿拉巴馬號（Maersk Alabama）船長李察・菲力浦（Richard Phillips），三名海盜遭到狙擊手擊斃。
- 今日美國報2009年4月19日報導，大陸籍散貨輪「德新海」輪在印度洋被武裝海盜劫持。
- 2009年10月19日，中國籍貨輪（德新海）在印度洋被索馬利亞海盜劫持，船上共有大陸船員25人。12月28日，人船安全獲釋。
- 2010年1月1日，英國貨輪（古代榮譽號）及25名船員，被海盜劫持。同一日，新加坡貨輪普瑞莫尼號（Premoni）及船員24名，也在亞丁灣遭劫。

三、聯合特遣部隊（Combined Task Force 150）

　　2008年6月2日，聯合國安理會全票通過第1816號決議；授權外國軍隊經索國政府同意後，可進入索國領海掃蕩海盜武裝搶劫活動。安理會又持續通過第1838號、第1843號、第1846號、和第1851號決議，呼籲國際共同打擊索國海盜。2008年8月初，聯合特遣部隊設立「海上安全巡邏區」，為往來船隻提供穩定的海上安全通道。2008年10月1日，索國過度聯邦政府首次呼籲各國進入其領海打擊海盜。2008年12月16日起，聯合國授權有關國家或國際組織得在索國嶺海採取一切必要的措施制止海盜行為，為期12個月。

為防止索馬利亞海盜行為繼續危害，北約成員國及其他國家聯合派出海軍艦隻組成聯合特遣部隊，希望能夠打壓海盜行為。艦隊的組成如下：

1. 北約：加、丹麥、德、西班牙、希臘、義、荷、土、英、美等各國海、空軍。

2. 歐洲聯盟2008年12月8日正式啟動代號「阿塔蘭塔」的軍事行動，派遣戰艦和飛機前往索馬利亞附近海域和印度洋海域巡邏，防範打擊日益猖獗的海盜活動。

3. 其他國家：(1)印度海軍：2008年11月19日一艘隱形巡防艦塔巴爾號，在索馬利亞外海用重砲摧毀一艘海盜「母艦」。(2)馬來西亞皇家海軍。(3)俄羅斯海軍。(4)大陸海軍171海口號驅逐艦，169武漢號驅逐艦、及887微山湖號補給艦前往索馬里海域執行反海盜巡邏任務，任務為期三個月。第二批護航編隊於2009年4月2日從廣東湛江出發，編隊由深圳號導彈驅逐艦、黃山號導彈護衛艦，及和887微山湖號補給艦組成。(5)伊朗海軍：一艘伊朗戰艦已抵達亞丁灣海域。(6)日本派遣兩艘海上護衛艦為日本船隻護航。(7)南韓於2009年1月底，派遣4500噸導彈驅逐艦薑邸讚號，保護南韓商船。

四、解決方案

如何才能解決索馬利亞的海盜問題？解決方案有四：

1. 國際特遣艦隊持續護航：繼續延伸「海上安全通道」，確保海運航道的安全；另以陸基偵查機全天候監視亞丁灣迄印度洋的海域，聯合國、北約陸上聯合部隊；與索國聯邦過渡政府合作，共同在地面掃蕩海盜陸上基地。

2. 1991年西亞德獨裁政權垮台後，以部族為首的各派軍閥

各自割據、互相侵軋。索馬利亞現有兩大族系、6大部族、幾十個部族分支,這些建築在血緣基礎的部族彼此難調和,也為索國留下國家分裂的種子。2006年6月,「伊斯蘭法院聯盟」控制首都摩加迪休、及中南部地區;他們趕走了盤踞15年的軍閥,也清勦了海盜的陸上基地。海盜一度偃旗息鼓,沉靜了整個夏季。半年後,衣索匹亞軍隊趕走「伊斯蘭法院聯盟」;「索國過渡聯邦政府」成立,海盜又再度活躍起來。可見政局紊亂,是海盜橫行的主因;因此,國際需要共同促使軍閥停火、派系和解,也要武器禁運、加派維和部隊,才可穩定索國政局、弭平內戰。

3. 整肅貪污、改善民生:索國政府應落實整飭貪污,合理分配國際社會的援助物資;在此基礎上,發展經濟、援助貧困、提高國民生活水平,從源頭根絕海盜茲生的社會環境。日前1/2索國人民需要國際社會糧食援助,1/9索國人民流離失所;若能從基層有效改善人民生活,一定能相當程度抑制海盜的滋生。

4. 普及教育、健全法制:曾一度控制大半索馬利亞國土的「伊斯蘭法院聯盟」,就是因為它能恢復社會的法律與秩序;使人民得以安居樂業,過安定的日子。其次,消除海盜滋生仍然需要普及教育,培育公民意識;只有索國人民觀念改變,才是杜絕海盜的根本辦法。

含「琴」脈脈

——認識鍵盤樂器發展史

嶺東科技大學通識教育中心副授教授／林慧珍

一、撥弦古鋼琴（The Clavichord）

盛行於15-16世紀，也稱作「羽管琴鍵」。它與鋼琴的內部原理大致相同，都是在琴體內部裝有音板和許多拉緊並列的琴弦。不同的是鋼琴的弦槌擊弦發音，撥弦古鋼琴用羽管制的撥子撥弦發音。此外，還有一種與它們同一血統的鍵盤樂器—擊弦古鋼琴，它同樣是一種裝有擊弦裝置的樂器，用銅製的形槌擊弦發音；它的應用範圍不如撥弦古鋼琴廣泛，主要用在當時的貴族家庭中演奏。

二、大鍵琴（The Harpsichord）

盛行於16-17世紀，發聲的原理是以鍵盤連帶末端羽毛管或皮革來撥動琴絃，有的琴撥絃的撥子同時裝有羽毛管友皮革，可控制發出不同的音色，但聲音很小而且無法控制音量，主要的樂曲除了獨奏曲之外，為數字低音的主要鍵盤樂器，而數字

低音是構成大部分巴洛克時期音樂主要的低音部分。在17世紀巴洛克時期，大鍵琴是位居主流的鍵盤樂器，琴面常見極精細雕琢的圖畫繪製，具藝術收藏價值。

三、古鍵琴

盛行於15-17世紀，並與大鍵琴年代重疊的古鍵琴，因體積較小、攜帶便利，反而成為大眾化之家用樂器。分為以下兩種：(1)Spinet (2)Virginal。

四、鋼琴（Pianoforte or Piano）

盛行於18世紀，是在17世紀末1709年由製作家巴爾托洛奧‧克里斯托夫

里（Bartolomeo ristofori）以弦槌擊弦發音的機械裝置，代替了撥弦古鋼琴用動物羽管波動琴弦發音的機械裝置，使琴聲更富有表現力，音響層次更豐富，並能通

過手指觸鍵來直接控制聲音的變化。而音域範圍涵蓋四個八度，使這個新樂器能夠產生強（forte）和弱（piano）的聲音，因此被命名為 "pianoforte"，也稱為 "gravicembalo col piano e forte"（一台可以彈強和弱並有槌子的大鍵琴）。很顯然地，這個名字說明了鋼琴的外形酷似大鍵琴，而且鋼琴能根據於鍵盤上的施力多寡改變音量，這一點特質是大鍵琴無法做到的。另外，介紹自18至20世紀全世界著名之鋼琴製造商，並認識當今眾所熟知之名琴：

1.史坦威鋼琴（Steinway&Sons）

史坦威鋼琴是品質和聲譽的代表，精華的薈萃。鋼琴有撩人的曲線，烏黑發亮的身軀，還有明珠落玉盤般晶瑩清脆的聲音。自從1853年以來，人們一提起鋼琴，立刻就會想到史坦威。

1777年莫札特和友人到奧格斯堡旅遊，因緣際會下結識史坦因，莫札特彈了史坦因製作的鋼琴後，對於其鋼琴制音器效率佳、觸鍵平均，給予高度讚揚，並認為史坦因的琴能彈奏出更有表情的音樂，尤其當彈奏弱音時，更能顯現出其靈敏之觸感。

1855年美國製琴商史坦威父子（Steinway & Sons）發明交叉絃法，並展示其第一台使用交叉弦法製作的鋼琴，利用低音弦與高音弦交叉重疊，使得共鳴板中央處有更多琴弦交會而產生共振，故能產生更大的聲響，和聲效果亦能增強許多。

1862年於倫敦舉行的世界博覽會，因此特殊製琴技術榮獲大獎，從此聲名大噪，被喻為美國最好的鋼琴製造廠。也難怪一台就要價台幣三百萬元呢。

2.貝森朵夫（Bösendorfer）

全球頂級名琴貝森朵夫Bösendorfer，從1828年在奧地利維也納設立公司至今，始終堅持純手工製作並講究最高生產品質，在1839年和1845年維也納工業展覽會中，Bösendorfer鋼琴贏得最高獎並獲得崇高的聲譽，忠於維持歐洲十九世紀以來傳統製琴方法與精髓，是在樂器製造史上能保持歷久不衰之重要原因。

五、各時代鋼琴音樂之風格

1.十七世紀巴洛克樂派

　　巴洛克（Baroque）這個字原是法文的音譯，原是繪畫與建築上的用語。借用於音樂上則表示和文藝復興時期比較、曲風比較華麗燦爛，有了更強烈的感情與表現意欲。

　　巴洛克的鍵盤樂器以大鍵琴為主，複音音樂與位結構是主要的型態，講求裝飾音及即興演奏的技巧。這時期為大鍵琴及古鋼琴等鍵盤樂器譜寫的音樂，大多是以組曲的形式出現，包含一些個別的舞曲，速度和拍子各有變化，但調性始終是統一的。重要的作曲家有：巴赫（J.S.Bach 1685～1750），在音樂史上有「音樂之父」之稱。他不僅將複音音樂發展至最高峰，還將其他作曲家的技巧和形式發揚光大，其作品種類幾乎涵蓋巴洛克時期所有音樂型態。他的「平均律古鋼琴曲第一、二卷」號稱為「鋼琴的舊約全書」。筆者將從巴赫畢生傑出鍵盤作品「創意曲」、「十二平均律曲集」、「海德堡變奏曲」與「法國組曲」中，精選數段樂曲講解其音樂風格與欣賞方法。

2.十八世紀古典樂派

　　古典音樂時期的音樂家，捨棄了巴洛克那種繁複的音樂型態，追求一種簡單、條理分明、形式嚴謹的結構，比例對稱、風格穩健的音樂形式，也就是一部優美動人的主旋律，配上單純持續的伴奏。不強調個性，較少抒發個人的情感，力求客觀、講究形式及抽象的意念。

六、主要代表人物介紹

　　古典時期作曲最主要的形式包括：奏鳴曲、交響曲等。主要代表人物四人：海頓、莫札特、貝多芬、蕭邦。

1.海頓（Mathias Haydn）

　　海頓是第一個將交響曲完整形式呈獻給世人的作曲家。從形式而言交響曲和奏鳴曲非常相似，廣義而言交響曲是為管弦樂所寫的奏鳴曲。其他如室內樂作品，奏鳴曲的寫曲方式也廣泛被運用。十八世紀末期完整的協奏曲（Concerto）出現，主要用於獨奏的樂器與管弦樂間之協奏，以鋼琴和小提琴的協奏曲最多。海頓為古典樂派的奏鳴曲確立了良好的規範，樹立了新的交響曲形式，而有「交響曲之父」的稱號，可謂此時期的開山祖師

2.莫札特（Mozart, Wolfgang Amadeus）

　　莫札特革新了歌劇，改良了朗誦調、抒情調、舞臺動作，並將自己獨特風格融入其中，擅於製造戲劇效果。莫札特打破海頓制式的交響曲寫作方式，並使鋼琴協奏曲達到了極致，對於後世的音樂具有啟示作用，後世音樂家間接或直接受其影響者更不在少數！後人讚譽莫札特為「繆司之子」，以紀念這位偉大的天才。

3.貝多芬（Ludwig Von Beethoven）

　　貝多芬更是將奏鳴曲發揚光大，他把發展部加以擴張且採用新的調子、繁複的技巧作淋漓盡致的發揮，作品中三十二首鋼琴奏鳴曲被喻為「鋼琴新約全書」，同時也因他極具個人風格的曲風，而成為橫跨古典時期與浪漫樂派的橋樑人物。

4.蕭邦（Frederick Chopin）

　　蕭邦的音樂就如他本人一樣纖細柔弱，並帶有淡淡的幽雅和感傷，表現出他內心最深刻的情感，在眾多音樂家中，蕭邦是少數僅用一種樂器成名的作曲家，在他的樂曲中，時常流露出他對祖國的懷念與敬愛。蕭邦在短暫一生中，其超絕的天份與敏銳性，不僅將法蘭西的優雅和斯拉夫的熱情完美地融於波蘭精神之中，更開創出前所未見的鋼琴技法與音響效果。蕭邦鋼琴作品富有獨創性，從特殊鋼琴演奏技法、和聲色彩到充滿詩意的曲調，以及彈奏時需巧妙運用與純熟掌握的「彈性速度」（rubato）。

文化創意商品設計過程與方法

嶺東科技大學視覺傳達設計系講師／王愉嘉

一、前言

　　「文化產業」不但已成了一個主流概念，甚至還成了多數國家所追求的經濟策略和經濟目標。「文化」和「經濟」這兩個以往被認為不相容的場域，也開始逐漸重疊，「文化經濟」正在崛起形成中（南方朔，2005）。我國文化創意產業的發展是由小規模具地方特色的文化產業與大量製造與符號消費的文化創意產業。文化創意產業政策與文化產業相比較，除了擴大產業範圍，更重要的是政府以策略引導帶動產業轉型加值，並且不只從文化的角度切入產業，而是將文化直接轉換成產業部門，把文化和設計、創意發展加入國家政策之中。我國文化創意產業推動辦公室（2003）則將「文化創意產業」定義為「凡源自創意或文化累積，透過智慧財產的形成與運用，具有創造財富與就業機會潛力，並促進整體生活環境提升之產業均屬之」。

二、人類需求層次與經濟發展階段演進

　　Maslow（1999）指出人有一些與生俱來的基本需求，就是：「維持生命、安全和穩妥、歸屬和被愛、被尊敬和自我尊敬、還有自我實現。」換言之，他的四層基本需求就是：1.生理上的需求，如食物；2.安全感、被愛和歸屬感；3.自尊／自信（Self-Esteem）；4.自我實現（Self-Actualization）。Maslow表示，人的天性是良善的，但是他有這些基本需求，如果我們滿足它，結果就是健康和成功；如果我們壓制它，就會產生疾病。因此，在後現代社會消費行為中，人們會透過符號性的消費，建構他們心中的自我感及認同感，消費者透過購買商品創造認同，文化認同是一個團體或多個團體的文化價值、生活方式、實踐與形象，透過這些鏈接，人們能夠彼此聯繫或相屬。

　　所以，人們藉由消費的方式達成自我理念的實踐，產品成為符號象徵的意義，而不是產品本身，消費成為自我表現的主要形式和認同的主要根源。消費者的購買行為不再以實用性為主，文化消費（cultural consumption）逐漸地成為日常生活的重要活動，因為現代消費者所消費的目的不再是以基本需求為主，而是運用商品及所代表的意義來幫助自己表達自我概念。

　　從社會發展的角度來看，人類社會初期農業經濟階段，在生產行為上是以原料生產為主，消費行為以自給自足為原則。到了工業經濟階段，在生產行為上是以商品製造為主，消費行為是強調功能性與效率。後來進入服務經濟階段，在生產行為上強調分工及產品功能，消費行為則以服務為導向。到了所謂體驗經濟時代，在生產行為上以提昇服務為考量，並以商品為道具，消費行為在追求感性與情境之塑造，創造值得消費者回憶之活動，企圖將消費者與創造的難忘體驗連結。

　　丹尼爾‧卡尼曼（Daniel Kahneman）將體驗劃分為娛

體驗、教育體驗、逃避體驗和審美體驗四類，並提出體驗經濟的特點，係依客戶心理滿足，提供難忘的體驗。在做法上是以服務為重心舞台，以商品為素材道具，創造出值得消費者回憶的高附加價值活動。同一件物品除了使用功能、價值功能，還另有意義的功能。當消費品被包裝成為一種品味與能力的表徵時，它的商品價值已經被商品所能提供的符號表徵所取代，並且也成為決定一商品是否具有生產價值的主要參考依據。面對商品的多元競爭壓力，工業設計更需要從另外一些不同的角度，去扮演著創造新價值的角色（creating value），亦即「將市場的競爭與需求，轉換成產品的新造形、新趣味，以提升具有吸引消費者的附加價值」，然而什麼是創新價值，若以消費的角度來看商品傳遞的訊息，消費者要求的不僅限於商品機能的好壞、物超所值外，同時在乎商品本身散發出什麼樣的情感、美感、質感，更加講求內涵意義與深度。要獲得消費者的認同就必須要平衡使用功能與體驗感受，畢竟設計就是要獲得消費、體驗與認同。

三、設計人員的困境與突破方向

「造形」是產品設計活動最基本的工作，也是設計的核心。設計師的職責是賦予事物特質一基本造形，設計在於探索良好的造形。目前，設計人員注重為「形」而「形」的表達，已成設計界一個普遍存在的現象。經濟利益驅動著一些短、平、快設計的產生，因此，抄襲、模仿就成了一種理由。也因此，我們的視野中就堆砌了許多似是而非的、移植的、嫁接的設計。這些畸形化的設計展示的是一種空洞、虛無的東西，設計中語意的地位被無情地削弱和簡化了，「形」抽象、離異而難於理解，「形」、「意」關係模糊而曖昧。形態設計脫離了

「意」而追求純「形」的、抽象的變化，並朝著為「形」而「形」的方向發展。應該說，這種為「形」而「形」的設計已使設計失去了其應有的意味，它所追求的只是在純抽象中摸索流行的表面形態，因此，形態設計只能是越發展越紊亂，以至抄襲模仿盛行，粗糙低劣的設計氾濫。當然，這與很多因素有關，不能全怪設計師，但這種違背設計初衷的現象卻不得不引起我們的重視。

回顧設計中的許多經典之作，也大都是以某種有意味的形式而存在的。但對於設計創意，長期以來缺乏行之有效的訓練方法，而且許多人還往往把設計創意和設計方法混為一談。設計方法具體是指歸納法、演繹法、綜合法、調查法、系統設計法等等，它有利於形成一個清晰明確的設計意向，但不會直接生成「設計」；而設計創意則是指在這個意向性的基礎上繼續，二者有本質的不同。創意是設計的靈魂。設計需以創意為先導而進行，沒有創意的作品是平庸的作品。但創意也不同於構成，設計創意不是一個為「形」而「形」，單純地尋求新奇視覺形式的過程，它是始終圍繞傳播資訊這一主旨來展開的創造性活動，傳播資訊才是它的目的。

產品符號理論可以為設計師擺脫為「形」而「形」的困擾，從迷亂的速食式設計中解脫出來提供強有力的依據。使設計師得以認真研究作為「形」形成的「意」方面的問題，予「形」以靈魂，用「意」說話，使「形」的表現與「意」有機融合，只有這樣「形」才能體現出事物特有的美，才能設計出理想的產品造型。一個有競爭力的產品不但須要有優良的機能、方便的人因操作介面和完美的外觀造形之外，若能讓消費者感受到使用產品時內心愉悅的情緒，則會大大的提高產品的附加價值和競爭力。因此，設計師常運用符號意象的手法來執行產品造形的設計，使得產品不再只是停留在實用階段的乘載

體而已，其所附加的內涵意義，可將產品的使用提升到心靈上滿足的層次，甚至成為生活中情趣的一部份而更勝於產品的機能，這些都將會是持續帶給設計的新課題。

四、產品vs商品vs文化商品

「產品」為交易過程中，消費者所接受的一切事物，由各種有形的和無形的屬性所構成，提供了功能、社會和心理等各方面的效用和利益，產品可以是貨品、服務或理念，也可由當中兩者以上相互組合而成。

產品透過商業貿易行為後，賦予其經濟價值後即成商品，文化商品即是針對器物本身所蘊含的文化因素加以重新審視與省思，運用設計，將其文化因素尋求新的現代面貌，並探求器物使用的精神層面的滿足，這是文化商品與一般商品差異之處，在於其多了一項文化識別的功能（何明泉，林其祥，劉怡君，1996）。識別的功能似乎是文化商品與其他商品最主要的區別，這也代表著文化商品所注入的情感、意義、甚至是歷史等，都讓文化商品與消費者之間存在更深一層的情感，然而文化商品更可以扮演著媒介角色，藉由這樣的識別，將訊息傳送給所屬之消費者。除了創造出基本的符號用以溝通與承載訊息，人類更具有運用符號以創造並延續文化的本能，含括神話、語言、歷史、科學、藝術、工業產品等等，均是人經由符號化的活動所創造出來的，一方面我們可以去挖掘過去的歷史文化中的精髓；另外一方面，也不要忘記我們自身的使命，開發出我們特有的時代風格。

文化是一種創造的態度，設計師以重新質疑、實驗、批判、反省，其成果回注到文化本身，形成一股影響力（官政能，1994），可見於對於商品而言，將文化融入其中已成為主

要趨勢與發展。文化反映該地區人民之生活型態，因此文化商品旨在傳遞該地域之文化及其民族性（何明泉、蔡子瑋，1995）對於文化商品而言，背後主要在於蘊含與傳遞地方文化之內涵與特色等等，且是不會被抹滅的。文化商品的設計重點並非只是在商品的本身，而是在於地方文化內涵的呈現，文化商品的機能不只僅止於物品的使用機能，可能包涵地方背後的故事、歷史、地方體驗、地方的特色等（陳佩君，2005）。由此可知，文化商品是蘊含與傳遞其地方文化之內涵，包含背後之故事、特色等。隨著文化商品因地方而展現不同之內涵與呈現方式外，文化商品具有不可取代的文化「創造、創新」的價值；文化商品是創意的商品，是智慧財產的體現，並且能傳達某種意義（David Throsby, 2003）。綜上所述，文化商品本身具有蘊含地方文化內涵與識別符號等形成之創新性商品，其中包括其背後故事、歷史、情感、體驗、民族性等。

五、文化創意產品主題設定

透過文化圖像化之傳達，尋找出產品語意元素之概念，接著透過TALENT之具體手法，設定產品主題發展方向，TALENT手法中「T」代「Tale」、「A」代表「Approach」、「L」代表「Life」、「E」代表「Esthetic」、「N」代表「Need」、「T」代表「Technology」；以下分述說明：

（1）故事（Tale）

‧故事主題之特色為何？‧是否已有類似之故事？數量多嗎？‧與其他相關聯之故事，是否有發展之潛能？‧想要傳達什麼訊息、感受給消費者？

（2）方法（Approach）

‧主要目的為何？‧是否能符合經濟成本需求？‧是否能吸引足夠之消費者？‧產品定位是否清楚明確？‧是否能符合時代趨勢與潮流？‧是否能符合消費者之喜好與體驗？

（3）生活（Life）

‧最主要之目標客群生活型態為何？‧目標客群的潛在消費能力為何？‧目標客群之產品價值需求為何？各項服務之品質需求為何？‧現有的目標客群與潛在目標客群需求有否不同？若有，其差異點為何？

（4）美感（Esthetic）

‧現有產品最有別於其他產品的特點為何？‧是否已有類似產品？數量多嗎？其相關特色為何？突破的方式為何？‧目前產品的限制因素，是否有調整的可能？其可能的方法為何？‧產品要傳遞何種主要之美感情境給予消費者？

（5）需求（Need）

‧為什麼消費者會渴望擁有它？‧它會提供什麼樣的好處？‧周遭競爭業者一般停留時間為何？

（6）技術（Technology）

‧核心技術為何？‧競爭優勢為何？‧有無異業結合的可能？‧確定模式範疇。‧琢磨最佳模式。‧修正與複製成功模式。

六、結語

　　從當代經濟發展軌跡來看，文化創意產品的成功關鍵在於探究目標市場的需要與欲望，並使企業能較競爭者更有效率、更具效能地滿足消費者的需求。在傳統「紅海」市場中互相競逐，人們為了追求利潤與競爭對手展開厮殺。在激烈競爭中搶奪日益縮減的利潤，結果造成大家越來越難以生存。所以要贏得未來，企業不能靠壓縮利潤、降低品質的手法，而是要開創無人能及的「藍海」走上新成長之路，探究文化、整理文化、發揚文化的精髓，提供企業成長的活水。

七、參考書目

1. 南方朔（2005）。文化經濟學（序二）（大衛‧索羅斯比著、張維倫等譯）。台北：典藏藝術家庭。
2. 何明泉，林其祥，劉怡君。（1996）。文化商品開發設計之構思，設計學報第一卷第一期。
3. 官政能（1994）。企業產品的文化理念，產品設計與包裝第53期，pp.46-55。
4. 何明泉、蔡子瑋（1995）。產品意象語言研究－以本土性意象為例，成功大學學報第三期第十卷
5. 陳佩君（2005）。地方文化商品之參與式研究創思研究－以草屯的稻草商品為例，國立雲林科技大學工業設計研究所碩士論文
6. Abraham Maslow (1999). Toward A Psychology of Being, New York: John Wiley & Sons 3rd ed., p. 5.
7. David Throsby (2003）。文化經濟學（張維倫等譯）。典藏藝術家庭，142

古文字中的宇宙觀

嶺東科技大學數位媒體設計中心主任／簡瑞勳

一、前言

　　幾乎所有民族最早的神話都有關於太陽神的記載，不論是古埃及、羅馬帝國、印加馬雅乃至中國古代，都可以發現大量關於崇拜太陽神的文史資料。世間萬物都因太陽的起落而作息，人類因此而產生時間觀念，也因太陽運行的方向而據以產生空間觀念。

　　從古文字當中，可以從與太陽有關的文字得到與時間與空間的抽象概念，經整理得出兩組交叉對比的時空系統，就是以「昆」、「昔」二字為垂直軸線的時空系統，和以「旦」、「昏」二字為水平軸線的時空系統。

　　漢字的象徵性特點，從這四個以「日」為結構元素的關鍵字形中，呈現到了某種潛在的時空範疇時意蘊。分析這些字形的象徵性結構，探討這些字形所隱涵的心理表象，也就是神話思維演變所憑藉的特殊符號，就可以看到這些字形中所涵括的多重語義及其轉化模式。

二、時空模式的垂直系統──昆與昔

漢字象形符號體系擁有世上獨一無二的龐大材料，可以透過漢字結構來觀察、分析，得到比較直接而清楚的概念。在「昆」與「昔這兩個直觀字形中，作為太陽之象形的偏旁「日」分別處在一上一下兩個不同的結構位置上，這不是已經暗示出它們各自具有正相背反的時空語義指向嗎？加以考察，便可驗證這個直覺判斷。

「比」在古文中作兩人並立之狀，可知「昆」本義是指人們頭頂上方的太陽，也就是中午時刻，為天頂上端與正南方向。由於天在神話思維中被構想為圓蓋形的，所以表示天頂位置的昆吾也被引申指代圓形，又因為太陽運行於天頂之際是光明的極點，所以「昆」本身又具有了光明、發光的意義，以及與「陰」相對的「陽」的意義。今天所說的昆蟲，就是指那些陽而生，因陰而藏的生物。

古時候把閃閃發光的刀劍命名為昆吾刀或昆吾劍，還把「昆」之意義相近的陽、明等字組合成詞，作為南方的象徵性地名，如位於雲南省的昆明和昆陽，均是時空觀念的古老遺存符號。乃至位於雲南的滇池和洱海也有了昆明池的別稱，而南方的少數民族如苗人亦被稱為昆苗。

與「昆」的會意特徵相似的字還有「是、昌、昱、昊」等等，這些字在造字之初，似乎都是以時空觀念為會意基礎。如「是」，本義為日當正中，引申為正直、法度、善等抽象價值觀念。

「昔」，取象太陽在浩漫大水之下，表示太陽已沉落西下，所以「昔」的本義為白天結束，晚上開始。由於太陽的夜間運行要先以入水開始，然後繞行至東方出水結束，所以古人認為地下的黃泉世界是水的世界，夜間和冬天的太陽也都被

想像成水神、黑帝,而陰間地獄也因此被聯繫到北方。古人觀察太陽,早晨從正東方向升起,中午偏向了南方,黃昏時落入西方地平線下,次日又從東方復出。所以認為太陽在夜間是潛行於北方的地下。而且夏季晝長夜短,太陽出得早落得晚,每天西下時偏向了北方,這就使人產生太陽夜間潛行北方地底的錯覺。又因為東南西三方均是太陽白天運行所經過、照耀的區域,唯獨北方永遠見不到太陽的蹤跡,所以北方又與陰的觀念發生了必然的象徵聯繫,陰間地獄也就非北方莫屬了。

由「昆」與「昔」的對立統一,所構成的中國上古神話時空模式的垂直系統及其相關意蘊已大致明瞭,用二元對立的圖式來概括,則有如下衍生的價值等式(表1):

昆	上	陽	南	神界	男	天(氣)	光明	正	夏	白晝
昔	下	陰	北	鬼界	女	水	黑暗	負	冬	夜晚

這樣的時空觀念,早已深刻的滲透到包括建築空間布局在內的文化深層結構中。與南相對立的北,自然也是陰性、黑暗的方位,同時也是與上相對立的下,與尊相對立的卑。所以與君主南面的禮俗相應,也有臣人北面的規定。由此,尊卑貴賤的模式進一步類推,便又有了師生之禮俗規定。又由於南面與陽、男性的象徵認同,北面與陰、女性的認同,所以帝王宮室的空間格局總是將正陽之位留給國君,而北宮則毫無例外留給了屬於女性的王后。

三、時空模式的水平系統——旦與昏

觀察古漢字的形態,「旦」與「昏」的時空觀念座標意義,要比「昆」與「昔」更為直觀,更容易理解。

　　「旦」的象徵意義是雙重的，既有空間座標意義，又有時間座標意義。東方日出則天下明，「旦」字的空間意義顯然是東方，也就是太陽每天初出地平線的方位。太陽的升起標誌著夜晚的結束，白晝的開始，所以「旦」這個合體指事字的主要功能是標座白晝開始的抽象時間座標。

　　天圓地方是古代中國的宇宙觀念，古代先民認為大地是浮在水面上的，甲骨文「旦」往下部之地作口，這還反映了古代先民認為地是一個方形平面就是所謂「地方」的觀念。天圓地方的觀念是中國古代三種時空觀念中產生最早的一種，就是所謂蓋天說的由來，另外兩種是宣夜說和渾天說。

　　蓋天說源於殷商，是神話時空觀念的遺存。而渾天說則始自東漢，是科學時空觀念對神話時空觀念的挑戰。古代中國思想界關於大地形狀的最為盛行的想法，是認為天圓地方。遠古先民根據從太陽運行所獲得的四方方位觀念，以為有限的大地在四個方向上均有盡頭，因而大地也就被想像成是四邊形的實體。大地之所以是有限的，是受限於大地四面由大水圍繞的神話觀念相關，由此還衍生出中國上古的四海之說，認為在太地的每一條方邊之外都有一個海，故四海被指定為東海、南海、西海和北海。

　　除了「旦」的模式以外，構成時空模式水平系統的還有一個與「旦」正相對立的模式，就是「昏」的模式。「昏」在甲骨文中作日落西山之形，作為空間標誌，自然是太陽隱沒的西方，引申為時間觀念，就是指太陽沉下地平線之際。這些指事字的本義很明顯，象徵太陽落到了方形大地之下。

　　「旦」與「昏」，在空間方面構成了東西方向的水平軸線，在時間方面，則構成了白晝和夜晚的分界線。從旦至昏，正是太陽旅行經過大地之上的白晝過程；自昏至旦，是太陽隱行於地底的夜晚過程。

「旦」訓為明，「昏」訓為不明，所以一對正反的價值觀念由此而生。古人將好的君王稱為明君或明王，而將不好的君王稱為昏君、昏主、昏王或幽王，現在看起來也是取法太陽的運行特徵而構成的比喻。由此看來，「旦」與「昏」的二元對立，正同「昆」與「昔」的二元對立一樣，也是正價值與負價值對立的一種自然表象基礎。

　　在神話思維中，太陽總是被想像成一個生命存在，因此，太陽的初升總是與誕生或復生相聯繫，而太陽的西落也自然被視為衰老與死亡。以「旦」和「昏」為標誌的中國神話時空模式的水平軸線的兩端，分別具有生與死的象徵意義。在《山海經》等神話典籍中，與「旦」相對應的日出處還有許多別名，如扶桑、湯谷、甘水、甘淵，這些字詞除了具有「旦」相似的時空象徵意之外，也同樣具有生命、初生、復生之類的引申意義。與扶桑等日出處相對立的是神話意識中的日落處，這也有許多不同的別稱，如虞淵、羽淵、羽山、昧谷、崦嵫、吳姬天門、羽郊等。名號雖不一樣，但作為太陽神喪生的地點，大都與死亡觀念相聯繫。

　　標示太陽西落的「暮」與衰老暮年的「暮」，是從「莫」衍伸來的。《說文》記載：「莫，日且冥也。從日在草中。」這個象徵太陽西下落入地平線草中的符號，後來又兼有「無」和「去」的意義。因為太陽之西落本身正意味著它的消失、逝去，這也就是生命和光明的逝去，剩下的只是黑暗、死亡與虛無。而表示死人歸向的「墓」，也是從「莫」類比出來的。「昏」與「莫」都有「沒」、「死」的意涵。由此看來，神話時空模式的水平系統不僅蘊含著空間與時間的二元對立，而且蘊含著生與死的二元對立。

四、神、鬼、人的分野
——神話的三分世界結構

透過對時空模式的垂直系統和水平系統的描述，有了一個較為清晰的時空觀念輪廓，用個概括的話語來描述這個立體時空圖象整體的基本特徵，那就是天圓、地方、大地環水。

由「昏」所代表的黑暗、死亡意象，和由「昔」、「冥」所代表的黑暗、死亡意象聯繫起來，其共同和由「昆」、「旦」所代表光明、生命意象構成了二元對立。從方位上說，這是東、南與西、北的對立，從時間上說，這是晝與夜的對立，又是春夏與秋冬的對立，從抽象的意義上來看，這是陰與陽的對立。

由天、地、水三種不同的物質形態所構成的三分世界，形成二元對立關係。天界和人間共為陽界，地下的水世界就是陰界，因此，地下的陰間神同時又兼為水神或海神。上古神話時空觀念的三分世界觀念，在殷商的象形文字中留下了鮮明的印跡，直到西漢時代仍然相當清晰地保留在人們的集體意識中，儘管已經多少有所改變或誇張。在湖南長沙馬王堆一號漢墓出土的西漢帛畫中（圖1），便可看到這種經過裝飾性誇張的神話時空觀念三分世界模式。圖畫形象地繪寫了秦漢時代中國人的神話、宗教思想。帛畫自下到上可分作三層：天界、人界、地下世界。

天神世界（畫面上方）：其標誌為位於中央的最高天神和兩旁的日、月以及龍鳳等不死的神獸。人間世界（畫面中間）：大地為一方盤形狀，其上有人、一般動物及生活場面。地下世界（畫面下方）：大地之下雖然沒有畫出海水的形態，但繪製了魚鱉之類的海生動物。方盤狀的大地由陰間神兼海神的巨人兩臂託起，而巨人腳下則是兩隻巨大的水生動物。限於

帛畫的尺幅，除了天圓一項未能得到展現之外，神話時空觀念中另外兩大特徵，就是地方和地載於水均得到了確切的驗證。

這種空間結構的三分法，實際也是時間結構的三分法。地下界象徵死亡和過去；人間世象徵現實；而天界則象徵未來。主管這三界的最高神就是在帛畫中央最上方龍身蟠踞的太陽神伏羲，也就是黃帝。在他身旁有兩組鸞鳥「帝使」，左上方月牙有蟾蜍、兔子，在月亮之下有一月神，乘應龍而以雙手捧月，這應當就是嫦娥。在伏羲的右方太陽，其中有一隻三足烏，太陽之下有扶桑樹，而扶桑中隱有八個太陽，與天上的一陽和太陽神伏羲相併正好為十個太陽。伏羲身上繪有大司命和少司命二神騎麒麟，以手牽繩，繩繫一傳令的鐸鉦。在帛畫中天堂與人世的分界之處，有門神鎮守的天門。在天門之下，三隻有角而面如狐的飛廉。圖中還有兩隻有鹿角的騰龍。在中層畫面上，墓女主及其侍者站在盤結的雲氣上，正在龍和虎的導送下，直升天門。在墓主人的下方是方盤形的大地（天圓地方），死者的遺屬正在大地上奏樂祭祀。人面鳥身神的死神使者勾芒，土伯撐持看天地萬物，站立在兩條巨鰲之上。土伯身下兩隻羊角惡鬼商羊（魖魖）。整個畫面的意思是墓主人（圖中貴婦）的靈魏正在眾神的導引下昇入天界，而她的遺屬則在地面盛陳鼓樂為之祈禱。

神話意識中的三分世界分別

圖1　漢長沙馬王堆一號帛畫

確定了神、鬼和人的空間分界，三界之間的界限壁壘分明。神界是永生的世界，凡人與鬼魅不可企及。人間是有生亦有死的世界，一切生物都要受到死亡法則的支配。最後歸宿是地下的鬼域，那裡是黑暗之家，也是水的世界，只有太陽和月亮才有權力周遊這三個世界。

國家圖書館出版品預行編目

2009秋·百家藝談 / 李栩鈺, 林宗毅主編. --
一版. -- [臺中市]：翔思游藝社, 2010.03
　　面；　　公分. --
BOD版
ISBN 978-986-86079-0-3（平裝）

1. 言論集

078　　　　　　　　　　　　　99003552

ZH0005

2009秋·百家藝談

出　版　者 / 翔思游藝社
主　編　者 / 李栩鈺、林宗毅
執 行 編 輯 / 林世玲
校　對　者 / 作者自校、李栩鈺
圖 文 排 版 / 蘇書蓉
封 面 設 計 / 陳佩蓉
數 位 轉 譯 / 徐真玉　沈裕閔
圖 書 銷 售 / 林怡君
法 律 顧 問 / 毛國樑　律師
印 製 經 銷 / 秀威資訊科技股份有限公司
　　　　　　台北市內湖區瑞光路583巷25號1樓
　　　　　　電話：02-2657-9211　傳真：02-2657-9106
　　　　　　E-mail：service@showwe.com.tw

2010 年 3 月　BOD 一版
定價：260 元

讀 者 回 函 卡

感謝您購買本書,為提升服務品質,煩請填寫以下問卷,收到您的寶貴意見後,我們會仔細收藏記錄並回贈紀念品,謝謝!

1. 您購買的書名:＿＿＿＿＿＿＿＿＿＿＿＿＿＿＿＿

2. 您從何得知本書的消息?

　　□網路書店　□部落格　□資料庫搜尋　□書訊　□電子報　□書店

　　□平面媒體　□ 朋友推薦　□網站推薦 □其他＿＿＿＿＿

3. 您對本書的評價:(請填代號　1.非常滿意 2.滿意 3.尚可 4.再改進)

　　封面設計＿＿＿　版面編排＿＿＿　內容＿＿＿　文/譯筆＿＿＿　價格＿＿＿

4. 讀完書後您覺得:

　　□很有收獲　□有收獲　□收獲不多　□沒收獲

5. 您會推薦本書給朋友嗎?

　　□會　□不會,為什麼?＿＿＿＿＿＿＿＿＿＿＿＿＿＿

6. 其他寶貴的意見:＿＿＿＿＿＿＿＿＿＿＿＿＿＿＿

＿＿＿＿＿＿＿＿＿＿＿＿＿＿＿＿＿＿＿＿＿＿＿＿＿

＿＿＿＿＿＿＿＿＿＿＿＿＿＿＿＿＿＿＿＿＿＿＿＿＿

＿＿＿＿＿＿＿＿＿＿＿＿＿＿＿＿＿＿＿＿＿＿＿＿＿

讀者基本資料

姓名:＿＿＿＿＿＿＿＿＿＿　年齡:＿＿＿＿　性別:□女 □男

聯絡電話:＿＿＿＿＿＿＿＿　E-mail:＿＿＿＿＿＿＿＿

地址:＿＿＿＿＿＿＿＿＿＿＿＿＿＿＿＿＿＿＿＿

學歷:□高中(含)以下　　□高中　　□專科學校　　□大學

　　　□研究所(含)以上 □其他＿＿＿＿＿＿

職業:□製造業 □金融業 □資訊業 □軍警 □傳播業 □自由業

　　　□服務業 □公務員 □教職　　□學生 □其他＿＿＿＿＿

To：114

台北市內湖區瑞光路 583 巷 25 號 1 樓

秀威資訊科技股份有限公司　　　收

寄件人姓名：

寄件人地址：□□□

(請沿線對摺寄回,謝謝!)

秀威與 BOD

BOD（Books On Demand）是數位出版的大趨勢，秀威資訊率先運用 POD 數位印刷設備來生產書籍，並提供作者全程數位出版服務，致使書籍產銷零庫存，知識傳承不絕版，目前已開闢以下書系：

一、BOD 學術著作—專業論述的閱讀延伸
二、BOD 個人著作—分享生命的心路歷程
三、BOD 旅遊著作—個人深度旅遊文學創作
四、BOD 大陸學者—大陸專業學者學術出版
五、POD 獨家經銷—數位產製的代發行書籍

BOD 秀威網路書店：www.showwe.com.tw
政府出版品網路書店：www.govbooks.com.tw

永不絕版的故事・自己寫・永不休止的音符・自己唱